往事知多少

杨泓 著

北京联合出版公司

往事知多少

卷首的话

我出生在北京,学习在北京,工作还在北京。至今已在北京生活了八十七年。在这段时期,北京经历了三次重大的历史变革。我1935年出生时,北京已经不叫"北京",被改叫"北平",因为北伐成功后,国民政府将首都定在南京,因此北京就不可称"京"。我刚两岁时,1937年发生卢沟桥事变,日本帝国主义侵占北京,直到1945年日寇战败投降。这段时期正好是我从幼儿到童年,已开始小学生活。经过日本投降的历史变革后,国民党政权恢复了对北平城的统治,到1948年底,北平城经历了翻天覆地的历史变革,天亮了,北平和平解放。在这段历史时期,正值我从小学到初中求学的时期。1949年中华人民共和国诞生,定都北京,于是北平那个名称就成为了历史。从那时起,我完成中学学业,1953年进入北京大学历史系学习,1958年毕业并被分配到中国科学院考古研究所(今中国社会科学院考古研究所)工作至今。

在这本小书里,所回忆的主要是我幼童阶段生活习俗的琐事,时当20世纪30年代末到40年代初,当然为了叙述的完整性,也会延伸到40年代末,当年京中一般习俗还多保留着清末民初的面貌,旧俗尚多。虽然那时北京被叫"北平",但因反映的是原北京旧时的风习,所以文中叙述时不用今日大家已不熟悉的"北平",而用"旧北京",简称为"旧京"。

目录

006
我的乳名叫七十

013
过年

031
忆儿时旧京家中年俗
（六则）

045
爆竹一声响
家家祭灶王

053
蜜供、蜜供会和请会

057
正月不剃头

061
二月二　照房梁

063
三月三　拜月牙

065
清明不带柳
死了变黄狗

067
纸老虎

目录

071 七夕

077 莲花灯

085 忆儿时旧京兔儿爷

097 九九消寒图

102 长尾巴了

107 儿时童蒙

113 儿时童谣

120 压步、压步走

122 书房

129 上马饽饽　下马面

136
羊肉床子、
猪肉杠——旧京
横街中的店铺组合

143
冬至馄饨　夏至面

148
马蹄　驴蹄
油炸鬼

155
老北京人吃带鱼？
——忆旧京猪市
大街鱼店

163
送子张仙

166
扫晴娘

170
"夜猫子"和"燕模虎"

177
"唧鸟儿"和"毛猴"

187
水牛儿、水牛儿，
先出犄角后出头

目录

191 耍耗子、耍猴和耍猴粒子

207 扳不倒

210 套圈儿

213 洋取灯儿

219 毛窝 骆驼鞍

231 笑破不笑补

237 故衣和故衣铺

245 天棚，鱼缸，石榴树

256 后 记

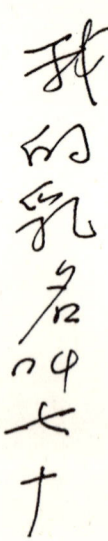

我的乳名叫七十

我于农历丙子年冬子月十七日（依万年历核算为公元 1935 年 12 月 12 日）生于旧京鼓楼大街宝钞胡同老宅。当时我母亲（图一）已与父亲结婚十年了，她是清末重臣那桐的第八个女儿（图二）。在旧京孩童出生后习惯先起个乳名（又称小名）。一般给孩子起乳名随意性很强，只是为了呼叫方便，等孩子上学时才起学名（大名）。然而许多旧家大姓，则是孩童降生已起大名，但为了家庭生活称呼方便，还是要起个小名。所以我已按辈分名起单字、排水字旁为

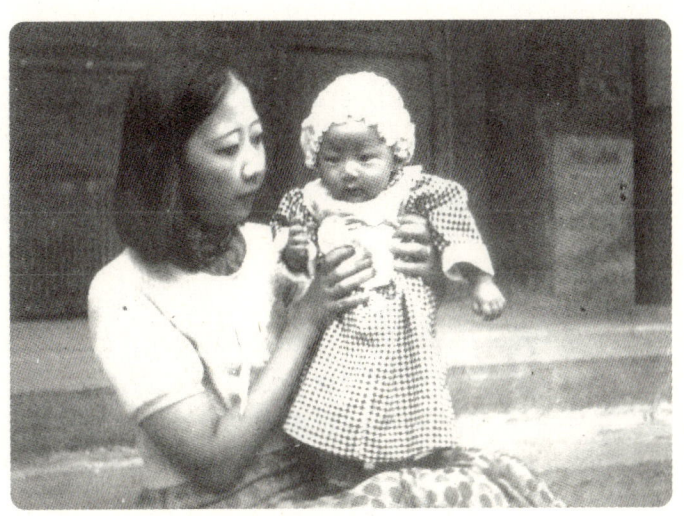

图一 母亲和姐姐

图二　那桐全家照（中排右坐者为那桐，中排左一为母亲）

"泓"，但仍起了小名。依当时旧旗人的习俗，初生小孩用家中最年长者的年岁为小名。当年家中最年长者是我老祖〔(曾祖母（图三），曾祖父杨儒的夫人（图四）〕，时年七十岁，所以我的小名叫"七十"。我姐姐比我早生一年，所以她的小名叫"六十九"（图五）。

六十九和七十，平时生活中大人叫起来十分拗口，颇不方便，所以先是将六十九简称为"六九"，后来干脆简化成"小六"和"小七"。这就常令外人邻居等误以为我家人口多，按一般家庭通常习惯男女大排行，我们两人分别是行六和行七。

我两三岁开始能记事时，是20世纪30年代末。开始上幼稚园（博士幼稚园），已进入20世纪40年代，直到小学（私立育英小学）时期，旧京已遭日本侵略者占领，属沦陷时期。第二次世界大战结束，日寇投降，国民党政府"光复"旧京，统治了三年，我已在私立育英中学读初中。就在从20世纪30年代末到40年代末，旧京的风俗习惯没有多大变化，基本仍沿袭着清末民初的旧习，当然随着时间的推移，也有着时兴的变化，但是主要反映在

图三　老祖（曾祖母）

图四
曾祖父出使欧洲时在荷兰海牙
（后排左一为曾祖父杨儒，后排
左二为曾祖母，前排左二为祖父）

图五
我和姐姐（拉车者为七十，坐车
者为六十九）

商业和商品方面，至于重要的年节时令习俗变化并不大。直到1949年北京解放，革命的浪潮才彻底摧垮了旧京的旧习俗，代之而来的是新文化新习俗。今天生活在21世纪的年青人，自然对旧京往事一无所知。一些20世纪五六十年代生长起来的人，也同样对旧京旧事并不知情，虽然年事已六七十岁，讲述的旧京风俗常似真实可靠，但并非他们亲身经历，实难真切。因此许多年青友人总爱听我回忆幼年童年时旧京往事，现在据记忆所及，将一些我亲历的旧京往事，特别是当年的年节时令风俗，写成回忆短文，以飨读者。

不过已过七八十年，对事物的回忆难免有误。且旧京居民成分复杂，民族众多，家庭习俗差异颇大。同时我幼年家庭管教严格，很少出门，在旧京的活动范围很小，平时只及东城地区东四牌楼北大街一带，上学后也只向南扩展到灯市口大街，乃至王府井大街。至于西城地区和前门外地区基本没怎么去过，更遑论城根与关厢。因此我的回忆局限性很大，望读者披阅时注意之。

过年

人家小孩天天盼着"过年"。旧京童谣说,小孩在过年时"穿新衣,戴新帽。吃饺子,放花炮"。有了"压岁钱",去逛庙会,有吃有玩。可是我小时候却发怵过年,从开始记事时起到刚上小学那一阶段,特别怕过年时那磕不完的头。

说起过年时的磕头(磕头,即叩首,按《新华字典》的解释,为"旧时的跪拜礼"),那是从腊月二十三开始的。这天祭灶,也就是送那位在家里值了一年班的灶王爷上天述职。祭灶礼在当天吃过晚饭以后(详见"爆竹一声响 家家祭灶王"),祭灶结束,将上供的糖瓜、关东糖、南糖分送往各院,全家上下每个人都要多少吃一口糖,以讨吉利。糖瓜和关东糖过甜又黏牙,我们小孩顶多选一小块带芝麻的南糖吃。从此揭开过年的序幕。

祭灶之后到除夕，大人都忙着准备过年要穿、要用、要吃的各种物品，小孩没什么事，过得跟平常一样。直到大年除夕。除夕上午，我和姐姐给长辈请过早安后，就见爷爷、太太带着家内主要成员去广化寺，因为我老祖（曾祖母）去世后还没有归葬到坟地，暂时停灵在庙里，他们在除夕要先去那里礼拜。这里多说几句：那时候我们还是家族住在一起的大家庭，包括祖父和他兄长两支，祖父这边有祖父、祖母和他们的子女和孙辈，包括我父亲和他两个没有出嫁的妹妹，还有我母亲、姐姐和我。那边与祖父同辈的人都已去世，只有大伯一家，大伯也已去世，只有大伯母和一位没结婚的老姑姑，还有大伯的三个儿子，当时只有大哥已成亲。对家庭成员的称谓，也与旁边的汉族街坊邻居不同。刚会说话时大人教的是祖父、祖母分称"马夫"和"阿基"，父亲母亲分称"阿妈"和"奶奶"。过了两岁后又改了称谓，让叫祖父为"爷爷"，祖母为"太太"，父亲为"老爸"，母亲为"娘"，此后一直没再改，叫到他们去世。当时家里习俗是女士男称，所以管姑姑叫"爹"或"姑爸"，因此管大姑和二姑叫"大爹"和"二爹"。对大伯母叫"大大"，那房的老姑姑则叫"七大爷"。后来我们上了小学，同学到家里来玩，对我们家的称谓都深感怪异，弄不清我们家谁是谁，跑到学校班里一说，大家都感到奇怪，还有人去向班主任学说，那位老师同样感到奇怪。这时原来在鼓楼后宝钞胡同内豆腐池胡同的老宅子已经卖掉，租住东四北大街马大人胡同东口北侧1号和2号两座有前后院的四合院，两号院落中间有一纵贯的夹道，各院都有门通向夹道，因而把四个院子通连在一起。2号前院正房爷爷、太太住，西厢房大爹、二爹住，东厢房是饭厅，南房是爷爷的书房。后院只有北房和西房，老爸、娘带着姐姐和我住北房，西房是储箱柜的库房。1号前院是大大和二哥、三哥住，七大爷在北屋的西套间，西厢房是饭厅。后院只有北房，大哥、大嫂住，还有个小东跨院，内有两间房，住着一位"嬷姥姥"，她是过世的大爷小时的奶母，在大大家养老。爷爷和大大两院分别起火，故各设厨房，各请厨师。在2号前院东侧有供奉祖先的祠堂，1号前院东侧有供奉佛的佛堂,平时锁着门,只有年节特殊时才开启,我们小孩认为那是全家中最神秘的处所。在除夕这天,是我可以步入这两处神秘处所的日子。

　　临近中午,爷爷他们从广化寺回到家后,稍事歇息,就带着家人开始祭祖拜佛。祭祖拜佛只有男士参加,我自然是其中辈分最小、岁数最小的一个。一行人由爷爷带领先去祠堂,我在末尾,被前面的大人挡着,虽然拼命踮起脚还是没能看清那扇神秘的门是如何打开的,等进入祠堂屋内,就嗅到一种潮湿发霉又混着尘土的特殊气味,大约是因为一年也就能开启两三次而已。屋内垂悬的电灯,可能只装了5W的小灯泡,光线晦暗,依稀看出靠山墙摆着一张大条案,上面横列一排木龛,每个龛里供奉着一个上有字迹的神主牌位,条案前是一张供桌,摆满供果和五供,蜡扦上的红烛已点燃。桌前铺有大红拜垫。爷爷已恭立在拜垫前,老爸带着我恭立左侧,大大家的三个哥哥恭立右侧。爷爷在香斗中上香后,恭行三拜九叩礼。以后老爸和三个哥哥依次行礼,最后是我行礼磕头,三拜九叩。众人礼毕,熄灭香烛,再去佛堂。这祠堂祭祖，开启了我过年不断磕头的漫长历程。

佛堂里的空气比祠堂要好，因为经常要开启，光线也比较明亮一些。屋内靠山墙也摆着一张大条案，上面排着一列红漆的大佛龛，有的龛上还有描金彩绘，龛内各有佛像。大条案前又有一张较矮的小条案，上面是一些较小的佛龛。其前又摆更矮些的一小方桌，方桌左侧已紧贴靠左壁，上面也摆放有几个小佛龛。在左右两壁又悬挂有许多大相框，里面都是各种佛像。佛龛里都供奉的是什么佛，我个子小看不清楚，只能看出中间最高大的佛龛中是一尊金色坐姿的释迦佛，两侧各侍立着一位菩萨。此外，还能看清最前小方桌上最靠边的一个小佛龛中，悬挂的佛画中央是一尊红脸戴着奇怪形状头盔的尊像，我悄悄问老爸那位是什么神仙，他简单地回答：是蒙古财神。直到今日，我也没弄明白"蒙古财神"是何方神圣。在这些桌案前常年设有香案，上陈五供，前设拜垫。两边墙上挂的神像，我大多不认识，只知道一进门右侧墙上挂的第一个大相框里的神仙是"送子张仙"，画的是一位穿青衣、有三绺胡须的白面书生模样的神仙，手执弹弓，正射向画面斜上方绘出的一个面目狰狞的鬼怪。在他身后庇护着几个男女孩童。我所以认识这位神仙的图像，是因为那年头孩子有时因为头疼脑热，弄得睡不好觉无故哭闹，又不好好吃药，大人常常认为是被什么鬼魅吓着了，就会引着孩子去佛堂拜张仙，上三炷香，供一碗清水，让小孩给张仙像磕头，大人在一边祝祷。拜完张仙后，把上供的清水泼在地上，看那水迹外轮廓的形状像什么动物，就清楚了把孩子吓着的元凶是何物。遇到这样的情况时，姐姐和我都好奇地认真去看水迹到底像什么，但是每次都很失望，因为在地上的水迹什么都不像，真不明白让张仙抓住的吓人的元凶是何物。不过说来也怪，拜过张仙以后孩子就会止住哭闹，好好的任凭大人把药灌进肚里，小病自然痊愈。总之，佛堂里供的不光是佛教的神祇，还有道教的、民间的、民族的各路神佛，他们都汇聚在这小小的佛堂里，一起接受没有宗教上排他思想的中国老百姓的礼拜。除夕拜佛堂，在香案上要陈设新鲜的果品和糕点，上面插上绒花的佛八宝和八仙人，还要供上两堂搭成四面塔形的"蜜供"。也是爷爷先拜，也是三跪九叩，然后依辈分顺序礼拜，我自然是最后一个。拜完佛堂，上午的头就磕完了，这两起加起来只不过是跪六次，磕十八个头，并不算多，只算是过年磕头小小的序幕，真正大量磕头还要由晚上的"辞岁"开始。

辞岁在除夕晚饭以后。平时吃饭时，未成年的孩子没有和大人同桌吃饭的资格，与今日家里的"小皇帝"在吃饭时占据家中主位完全不同。平时饭厅中是一张八仙桌，爷爷太太坐在正座，两侧左边是老爸和娘，右边是大爹和二爹。八仙桌前有一张小桌，是姐姐和我吃饭的位置，吃饭时大人随时拨一些桌上的菜放到我俩的饭碗里，我们老实安静地吃着，吃饭时不可出声，筷子和勺子也不可以与碗相碰发出声响。遇到请客时，因为菜品较多，所以在八仙桌上再放一个大圆桌面，那时孩子就不准去饭厅，预先拨点菜在我们住的后院另吃。到除夕夜，也是支起圆桌，年夜饭要全家团圆，所以孩子准许"上桌"吃饭。年夜饭的菜仅略较平时丰盛，多了几碟冷荤，不外是酱肘子、松仁小肚、"熏雁翅"、熏小鸡、鸡丝拌洋粉之类，以供老人下酒。还有专为过年准备的凉菜，主要有芥末墩、豆酱、素咸食等。老北京人不常吃鱼，但年夜饭要有鱼，以喻"年年有余"。还要有"四喜丸子"，也是取吉利。此外就是些常吃的菜品，如炒木须肉、熘黄菜、炮三样、面包虾仁之类，自然还要温一碗早已备好的炖肉。主食必须是米饭，旧京民谚："打一千，骂一万，三十晚上一碗饭。"还有一碟年糕，以喻"年年高"。至于汤菜，常只是清淡的海米奶汤熬白菜。因为按照老年间留下的重农而"不宰耕牛"的习俗，所以不会出现用牛肉做的菜。

就在吃年夜饭的时候，吴四爷他们已经在各院里铺松柏枝和芝麻秸了，为的是大家在辞岁时"踩岁"。所以吃完饭后一出饭厅，就踩踏在芝麻秸上，发出清脆的声响，以"踩碎"谐音"踩岁"，表示除旧迎新，这也是旧京大家流行的习俗。因为所有院落都铺着松柏枝和芝麻秸，都是极易燃烧的物品，所以除夕时要特别注意防火。本来清空了怕冻坏的在正院中央的大鱼缸和房前养水浮莲的四个较小的鱼缸，前两天又注满了水。还从库房搬出古老的可以以人力压动喷水的灭火唧筒，准备好往自来水龙头上接的胶皮水管。所有人都不准在院子里吸烟，更不会放什么鞭炮，旧京大家与商家和农户不同，从没那种习俗的传统。小时候感觉最有过年味的就是闻着清香的松柏枝的气味，耳聆脚踏芝麻秸发出"踩岁"的清脆声响。

踩着芝麻秸，全家两院的人都齐聚到正院北屋，向爷爷、太太辞岁。两位老人接受子孙按辈分依次礼拜，一拜三叩并道新禧。因为我辈分小且年岁最小，所以最后一个是我磕头。向爷爷、太太辞岁以后，老爸和娘就与同辈的大大，以及大爹、二爹互道新禧，然后各回各屋，等待下一辈的人去辞岁。姐姐和我就由我娘的陪房大李妈引导，我们的奶母拿着拜垫，先去大爹、二爹屋辞岁，磕头如仪。再回到后院，向老爸和娘辞岁，磕头如仪，这时大大院的三个哥哥也来向老爸和娘（他们称为三爹、三婶）辞岁。然后，姐姐和我去东院向大大辞岁，再向七大爷辞岁，均磕头如仪。还得去嬷姥姥住的小跨院里，给老人辞岁。之后姐姐就可以回屋去休息，她今天磕头的任务就算结束了。继之我还要依次去三个哥哥屋辞岁。因为按祖宗传下的规矩，满族的姑娘在家中享有与其他民族不同的地位，或许是远古"母系氏族"的遗留，所以在我们家里，遇年节行礼时，弟弟要给姐姐磕头，妹妹不需给哥哥磕头，弟弟要给嫂子磕头，而弟妹不用给哥哥磕头。因大哥已婚，也要给大嫂磕头，再去向二哥、三哥辞岁，于是去各屋辞岁结束。最后回到我们屋中，姐姐已经坐在那里等待我向她辞岁，行礼如仪，到此终于完成了除夕夜辞岁的全部程序。

辞岁结束后，总得到晚上九点左右，娘再次带着姐姐和我去前院上房见爷爷、太太，大爹、二爹也已在那里，三代人这才在一起享受除夕的欢乐，大人们破例逗着我们两个孩子玩。为了过年，上房两间堂屋铺上了老祖当年从俄国带回的地毯，所以两个孩子可以尽情在上面翻爬滚玩，平时不准许小孩接触的"牛牌"和"色子"（骰子），这时大爹、二爹也拿来哄我们玩。"牛牌"用来玩顶牛，即将牌上的骰点上下连接，谁手中分的牌先顶光就算赢了。掷色子，是把六颗色子放入只有过年才会取出玩的大"色盔子"中，几人轮流来掷，按色子全色或计算点数分输赢。因为玩得开心，时间会过得很快，不觉就会超过十点钟，早过了平时两个孩子上炕睡觉的钟点，都开始发困。太太就让姐姐先回屋去睡觉，她请过晚安就回后院去了。我还得等着"接神"，因为那是除夕夜全家男人必须参与的最重要的祭祀活动。接神的时间在午夜十二点以后，实际已应进入第二年的正月初一了，具体时刻每年不同，要查历书，通常在十二点钟以后到两点钟之间。因此，我在接神前不准睡觉，连打磕睡也不行，所以大人们要绞尽脑汁哄着我玩，还准许喝平时不让喝的酽茶，用来提神。看我要发困，就让穿好大衣到院里去看吴四爷他们摆放准备接神的供桌。供桌是一张大红漆八仙桌，安放在院子正中，方向朝北，桌前沿要铺上红地绣花的桌围子。桌上自前向后，先摆放铜质的五供，蜡扦上插很大的红蜡烛，下面压着黄纸的千张和成串用金银箔折成的元宝。五供后面是祭神的三牲，居中是一个大供盘，用红绒绳勒出米字形绳网，等接神时，将一条一尺多长的活鲤鱼拦在绳网内。（这祭神的活鲤鱼，行礼前才从养它的缸中捞出放在盘中，大家行礼后立即取出放回鱼缸，继续喂养，年内各种祭祀都用它，次年仍接着再用，常会活三四年，这祭鱼活得时间越长，表明这户人家越有福气。）右侧的大供盘上，摆放一只毛羽鲜明的活公鸡，它的翅膀和腿爪都用红绒绳绑住了，呈伏卧姿势。左边的大供盘里供的是一个生猪头，皮色煞白，裂着嘴，头上还斜叉着一柄专用于切祭肉的象牙柄钢刀，形象很丑恶。与鲤鱼和公鸡不同，当时我很怕看那个猪头，总感觉它太恐怖。三牲前还放有三个酒盅。三牲后面依次摆放着各色水果和各种饽饽。

终于等到接神时刻，由爷爷率领全家男士到供桌前，先由他上香，与祭灶只用三炷香不同，这次要点燃一整封香，再点燃红烛，还把三个酒盅斟满白酒，虽说是祭神，但也不用好酒，只是旧京最次的烈度较高的二锅头，并用洋取灯（火柴）把酒点燃，发出幽蓝的光。接着按辈分依次行礼，轮到我磕完头。就把千张、元宝放入钱粮盆，取下燃着的香烛也放入钱粮盆，再将酒盅斟满酒，由爷爷醉入盆中，一起燃烧，等余烬熄灭，方告结束。大家互道新禧，分别回房睡觉。接神礼毕，回到后院，姐姐早已入睡。赶忙洗脸洗脚，上炕钻入被窝。这一天大人还要在小孩被子上再罩上一件把毛皮翻到外面的羊皮袄。这一习俗是因除夕日夜里天上诸神下界，小孩眼净，或能看见，有些神仙喜逗弄小孩甚至会恶作剧，怕孩子会吓着，罩上翻毛羊皮袄，那些神仙就认不出是小孩，以为是个小动物，不会再来逗弄。不管有没有神仙，反正这一天已经太累了，头沾枕头立时睡去，什么也不知道了。

正月初一起床梳洗后，准备出屋去请早安前，娘先要查一下当天喜神和财神的方位，如果方位在南方，就让我们正常地走出屋门；如果方位是北方，那就要先倒退着面朝北退出屋门，直到院中央再转成正向；如是方位在东或西方，则要横身朝东或西横行出门。为了面向财神、喜神方向，以求吉利。初一去前院正房向爷爷、太太请早安的时间要比平日早些，因为大约上午十点钟左右拜年的客人就开始来了。在这以前太太要到饭厅安排厨师等包"煮饽饽"（当时按满族进关后的习惯，称饺子叫"煮饽饽"），其实煮饽饽的馅儿厨师早拌好了，但必须等太太亲自来象征性地拌几下才告完成，然后由太太包头一个，接着大伙才开始包。按规矩大年初一这一天必须全家全天吃素，不准动一点荤腥。所以煮饽饽的馅是由面筋、胡萝卜、香菜等用香油拌的素馅。包煮饽饽时形状也有讲究，包时边沿要小且不准许捏出大褶痕，放在竹盖帘上时要仰平放置，据说有褶子人吃了不舒服（只有蒸饺不叫煮饽饽，包时规定要捏出三个大褶，面用烫面，包好要能直立放，为的是在蒸笼中排列）。太太安排大伙继续包煮饽饽，就回正房等待来拜年的客人。

　　约莫十点左右，客人开始来拜年了，这也就开始了不断磕头的最令人厌烦的时刻。那时的习俗，自初一开始直到初五，是男客人来拜年。每年最先来的都是走动得最近的亲戚，有舅爷爷（太太的弟弟）、姑爷爷（爷爷的妹妹）家的几位表叔和小姑爸的姑爷、达王府额驸爷（大大家二姐的丈夫）等，不论是谁来，反正按辈分不论是长辈还是同辈的年长者，当他们向爷爷拜年行礼后，我总是得去给他们拜年，磕头如仪。一个上午都要枯燥地候在上屋的角落里，等待客人，总要有十来起客人，都得要磕头,一次也逃不掉。也有的客人给爷爷、太太拜过年以后,还要再到后院去给娘拜年,那时我就要陪同一起去,当他们给娘行礼后,照例我还要再行一次礼。接着再返回前院上屋,继续等另一起来拜年的客人。姐姐同样也得候在上屋,但比我稍好一点,对同辈年长的男士,她不必磕头。从十点来钟一直到十二点,到了午饭时间,客人不会在饭时来拜年,才得已歇息。到饭厅合家吃新春第一顿煮饽饽,因为不断待客磕头很累,感到这素馅煮饽饽分外好吃。因为只能吃素食,除煮饽饽外只配一些小菜,如芥末墩、素咸食、拌春菜丝(春菜指去冬新腌还没腌老的芥菜疙瘩,切成细丝,拌上用香油炸的辣椒油)等。午饭后稍事休息,约莫下午两点半以后,下午拜年的客人又接踵而来,新的一轮磕头行礼开始,一直延续到天黑。有时听到来客时吴四爷在开门迎客后的回事声,我们俩人就悄悄躲到屋门背后,那自然也躲不过去,仍会被大人拉出来给客人磕头。晚饭依然是素煮饽饽。晚饭后和除夕夜一样,爷爷、太太破例准许姐姐和我在上屋随便玩,因为整天接待拜年客人对于未成年的孩子来说确实太枯燥无味了。大爹、二爹和娘一起变着法子哄着我们俩个玩，我们有兴趣的还是大家轮流掷色子，尽兴后再回屋睡觉。

大年初二是接财神的日子，供桌依旧设在前院上屋门前，桌上供品如仪，但不设三牲，依然是爷爷率全家男士拜祭。祭毕撤除供桌，继续等候客人来拜年，继续磕头。初二午饭依然是煮饽饽，但改为荤馅，以猪肉白菜馅为主。因今日接财神，所以吃饭时也要预测家中今年谁有财运。在包煮饽饽时，特地将五枚小的金钱和银钱分别包进几个煮饽饽中，混入第一锅内，与二三十个煮饽饽同煮，煮熟上桌后，由太太分给全家，一人两三个，看谁能吃到馅里放入金银钱的煮饽饽，就预示着那个人当年有财运。

从初三到初五，仍然是男客人来拜年。到初四初五，来的多半是平时很少走动的亲友，来拜年纯属每年履行一次的礼节性举动，一般我都不认识，只是大人让称呼什么，就叫几大爷、几叔、几哥之类，道个恭贺新禧，然后磕个头就是了。因为是礼节性举动，这些客人也是来去匆匆，待不了多少时间。但是又必须在上屋整天支应着，因此越发感到无趣。初五俗称"破五"，旧时大街上的店铺年休后都又开市了，通常会在开门时放一挂鞭炮，在家里隐约可以听到一些鞭炮的回响。

初五一过，男性拜年活动告一段落，来上门拜年的客人改为女性。因为辈分和年龄关系，太太从不出去给别人拜年，从初八起娘则要出去拜年，因为我未成年，所以有时要随她去最亲近的几处亲戚家，有金鱼胡同舅妈家，如五姨、六姨在北京过年就去庆王府，还要和大大一起去达王府。这也是过年时我得以出家门少有的几次机会，吴四爷拉着家里的洋车（人力车、黄包车）送娘去拜年，我就蹲坐在她足前车簸箕处，因为天冷，洋车上加上棉车棚，又放下前面的门帘，所以我看不到车外有什么，只能听到车外街上的喧闹声。虽然随娘出去拜年也免不了要磕头，见到达王福晋还得请跪安，三拜九叩，但也总算是对在家整天待客磕头的枯燥生活的一点调剂。

到了初八，是"顺星"的日子（详见"儿时旧京年俗之顺星"条）。随着顺星结束，拜年活动也就宣告结束，从初九起再也不用候在上屋等待拜年的来客了。虽说到十五灯节时才算过完年,但随后那几天已可以摆脱不断待客磕头的困扰,和平时一样安谧平和的生活了。

也许会说拜年磕头不是会收到人们给的压岁钱吗?确实不断的磕头会换来不少压岁钱,不过当时家里规矩很严格,姐姐和我在未成年前是绝对不许自己出家门的,更不可以自己买什么东西。直到上小学后,除去学校上课外仍然如此。那些过年的压岁钱,不用交给大人,只是每年收在一个大封套里放起来。到该上中学时,一次忽然翻出几个鼓鼓的大封套,打开全是崭新的"老头票",就是日本侵略者占领北平城时,敌伪联合准备银行发行的伪钞,因为上面印有带胡子的孔子等人像,俗称"老头票"。可是斗转星移,时局变幻,当时日本已投降,"光复"后的北平,已经花国民党政府规定的"法币"和"关金"了。那一沓沓的废纸,也就是幼时过年不断磕头的收获!

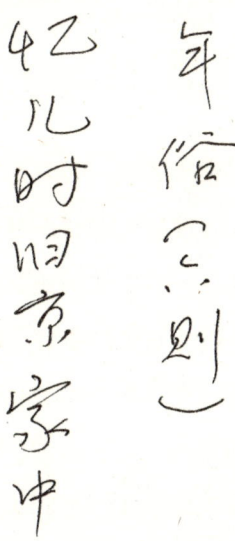

踩 岁

临近除夕前,胡同里开始出现售卖芝麻秸和松柏枝的商贩。长长的芝麻秸用草绳捆成捆,松柏枝是树上砍折的鲜枝。祖父会命人购买许多,分散给各院。到除夕下午,就要把芝麻秸捆散开,铺满从院门直到屋门的主要通路上,并铺撒松柏枝。在宽大的正院,是铺在从垂花门到正房堂屋的通道以及从东厢房到西厢房的通道上,呈宽宽的十字形。较小的前、后院和东、西跨院，则几乎铺满全院。顿时各院都弥漫着芝麻秸的一种特殊的味道和松柏枝的清香，人们走在铺满芝麻秸的路上，就踩出清脆的噼啪的声响。这是旧京除夕特殊的民俗——踩岁，寓意踩除旧岁，来年幸福安康。踩岁，是孩子们年终时盼望的有趣的时刻，踏着噼啪作响的芝麻秸，闻着松柏枝的清香，孩子们从这院走到那院，尽情享受着过年的欢乐。

但是院里铺满干芝麻秸，大人就担心"走水"（京中旧俗忌讳说"失火"或"着火"，故称发生火灾为"走水"）。所以当天上午，祖父就带领车夫吴四爷等人从库房搬出防火的铜水唧筒，是由两人在两边轮流压机用喷嘴射水的器械。还告诉大家要严防火烛。所以那时在除夕时是绝对不可以在院内燃放爆竹的。据我儿时记忆，旧京的大家庭都遵循踩岁习俗，除夕并不放爆竹。同时，我儿时北平城是在日本侵略者占领下，似乎侵略者为强化"治安"，也不准放爆竹。只有到正月初五"破五"以后，大街上那些商铺休年假后开张，会燃放鞭炮，那天清晨会远远从大街上隐隐传来鞭炮声。

踩岁习俗从旧京消逝,大约在北京解放前夕,解放军围城,除夕时已无外地农民将芝麻秸运进城售卖的可能,买不到芝麻秸,自然无从"踩岁"。1949年,新中国成立后,移风易俗,至今"踩岁"之举,早已成为今日新北京人遗忘的陈年旧俗。

祭财神

元旦后祭财神的日子是正月初二。在初一晚饭后,又有由儿童往各家"送"财神爷的习俗。

送财神爷,也是与灶王爷一样,是当时较贫寒家庭的男童从事的活动,在年前从南纸店囤来的木刻彩印的财神像,节后才去结账。晚饭后胡同里就传来清脆的童声:"送财神爷来了!"不同的是,送灶王时,儿童似有分工,各管一条胡同或半条胡同,一般不会重送,因为一户只需一张灶王马,已收到一张,就不会再接第二张了。但是财神不同,人们为讨吉利,多多发财,所以已收到一张，重复再送来，也还会收下，只是如果重复过多，会向后送的孩子说："已经接过了。"为讨吉利，仍会收下，但是付给的报酬会相应减少。

大年初二祭财神。当天长辈要先查当年的"皇历"，看初二时财神和喜神的具体方位，以确定走出屋门应该面朝的方向。因住房是北房，如财神所在方向是南方或东南、西南方，就正常地向前迈步出屋就可以了。如是北方或西北、东北方向，则转身向内，脸朝北方，倒退出门，倒走数步再转过身正常走路。如是东方或西方，则出门时侧身面朝财神方向横向跨出门，横走数步后再转体正常行走。总之，就是跨出门时要面朝财神所在方向，以讨一年吉利。

祭财神时摆放的供桌规格，要大大高于祭灶王的规格，基本与除夕夜"接神"的规格相当。只是与除夕"接神"的时间不同，不是在晚上，而是在上午。供桌是一张八仙桌，朝向也是按"皇历"上的财神方位摆放（接神等祭礼供桌一概朝北摆放），前面铺垂红缎子桌围。桌面上前沿摆铜质五供，千张、元宝等压垂在烛台下。五供后面一列摆猪头三牲：居中是用红绳网在盘中的活鲤鱼，左边是一只绑成伏卧状的活芦花大公鸡，右边是一个褪了毛的猪头，猪头上面斜插一把长餐刀。三牲后面摆三盘水果，居中的一盘一定要摆苹果。最后是几盘上面点了红点的大馒头。不设神马，初一晚上接到的那些财神像，叠好放在五供旁，在祭礼后与香烛、千张、元宝一起放入钱粮盆中焚烧。祭财神也是家中男丁参加，由祖父行礼后，全家男丁按辈分依次行礼。接神时行礼是三跪九叩，祭财神只一跪三叩即可。

祭礼用的活鱼，一般只是在祖父行礼时放入，到我们小辈行礼时已经取出放回缸中，因为祭礼用鱼祭后人不能食用，要继续畜养，供下次祭神再用，一般这条鱼可以畜养好几年，专司供神之职，直到自然死亡。大公鸡就没有鲤鱼那样幸运，在春节这几天祭神后，就被宰杀，"上供人吃"了。

素"煮饽饽"

满人在关外时，民族传统饮食中大约没有饺子。进关到北京后，从前明旧俗中接受了饺子等食品。可能因原来满人将好吃的食物都叫"饽饽"（顺便说一下，老北京人对卖糕点的商铺也叫"饽饽铺"，没人叫什么糕点铺或点心铺，饽饽铺多以某某斋命名，主卖京味糕点和时令糕点，如萨其马、各式酥皮点心、京八件等以及重阳花糕、中秋月饼、藤萝饼等。以甜、荤为特点的南式糕点则去南货店，如稻香村之类店铺），而饺子是好吃的食物，又是煮熟后食用，所以就称之为"煮饽饽"。我从儿时记事起，大人就告知这种食物叫"煮饽饽"，所以并不知道它本来叫"饺子"。直到上小学后，去同学家玩，才从他们家对食品的称谓中，获知煮饽饽又名饺子。但是在家中仍依旧习，只叫煮饽饽。直到上北大读书时，一次我去"大饭厅"吃饭较早，恰好当天吃饺子，回到宿舍还没去吃饭的同学问我当天吃什么，我随口就告诉他们："煮饽饽。"弄得他们一头雾水，不清楚我说的是什么。等吃过饭后，大伙以此作为笑谈，连续奚落我好几天。

旧京家里习俗，在除夕夜不吃煮饽饽，到大年初一到初五，则连续吃煮饽饽。煮饽饽的馅料以荤馅如猪肉白菜或羊肉白菜为主，间或有猪肉韭菜、猪肉西葫芦等馅。但是在大年初一，习俗是吃一天素，所以煮饽饽的馅是纯素馅，主要有胡萝卜、香菜、香菇、黑木耳、豆制品、细粉丝、油炸鬼等，用香油拌馅。初一中午的煮饽饽是全年新春的第一餐饭，馅料准备好后，要由全家女眷中最长辈的祖母来和馅。还要特殊包十几个小煮饽饽，基本是全家大小每人可分一个，取三个特殊的小型方孔圆钱，一个小金钱和两个小银钱，分别包入三个煮饽饽的馅中。吃饭时先煮这组小煮饽饽，分给全家一人一个，看谁能吃到内有金、银钱的，就表示他全年大吉大利，或许还会发财。为了让长者高兴，一般金钱都会由祖母吃到。因为母亲事先会在那个煮饽饽上做有记号，煮好端上饭桌分配时会先分给祖母，老太太吃得高兴，全家都会一起高兴。至于两个银钱，则看谁运气好就会碰上。

初一这一天，除吃素煮饽饽外，所配吃的小菜也都是纯素的。当时家里会在年前准备一些供正月过年时吃的馒头和菜，放在院内大缸里冷冻储存。菜主要有炖猪肉（红烧肉）、炖羊肉，吃时取出一些加温即可食用。还有一些可凉吃的小菜，如豆酱（肉皮冻）、炒酱瓜丝、素咸食、芥末墩等。初一这天，只能吃素咸食和芥末墩。看来初一吃素，以素煮饽饽为主的膳食，还是很科学的。因为除夕的年夜饭要大吃酒肉，饭后辞岁、接神、守岁，又要吃丰盛的夜宵。新年开始又要连续大吃，所以在其间初一吃一天素食，还是有利于身体健康，是符合科学规律的良好饮食习俗。

新年树

儿时我们家过除夕时还有一个与别人不同的习俗，就是要装饰一棵新年树。

这不是满族的习俗，也不是旧京的习俗，根本不是源于中国的习俗。

它源于西方圣诞节的圣诞树和俄国沙皇的新年树。因为我的曾祖父曾先后任清廷派驻美国、俄国的公使，常年驻留华盛顿和圣彼得堡，我祖父青年时曾一直随曾祖父在国外，熟知那里新年前美国自圣诞节始家家要装饰一株圣诞树的习俗，在俄国更有新年老人和春姑娘的传说，漂亮的新年树更少宗教色彩，增添迎春的美感。因此他回国后就将此习俗移植到旧京家中。于除夕前在家中装饰一棵新年树，完全没有西方的宗教内涵，用以增添与别人家不同的有点洋味的庆新春色彩。

爷爷住的前院堂屋要买一棵高约有两米左右的小松树，装饰成新年树。娘带我们住的后院堂屋，买一棵约一米多高的小松树。东院大大（大伯母）的住所，过年时仍按老规矩，并不装饰新年树。装饰新年树的时刻是我们孩子的欢乐时刻。娘让我取下立柜顶上尘封了一年的大盒子，拂去灰尘，开启后里面储藏的是往松树上装饰的挂件。一类是极轻薄的玻璃涂彩挂件，是洋式的圣诞树挂件，有背生翅膀的安琪儿和大天使、圣诞老人、屋顶带雪的小房子、马槽、驯鹿、各式雪花，还有俄罗斯色彩的新年老人、春姑娘、棕熊等。另一类是中国式的绒花，有财神、寿星、八仙、福寿字、蝙蝠（意寓福）、盘常

（盘肠，现今被叫成"中国结"）、各式绒花，取出后就随意把它们分别挂在树枝上，并由大人在树顶上插一个金色的大星星。还在树上缠挂金、银色的刺毛状的彩带。最后挂上成串的小电灯珠，插上插销后可通电点燃。这株中西合璧的新年树，带给我们家过春节除夕时与别家不同的欢乐色彩。

顺 星

祭灶王、拜佛堂、接神、祭财神……诸神佛都祭过，还有满天的星星，正月初八晚上，要在院内设供桌"顺星"。顺星的目的，不外是求当年的好运。

初八晚饭后，在正院摆设供桌。顺星时的供桌极有特点，除五供外不设任何祭品，而是在供桌上摆放一百零八个小的釉陶灯碗。碗的外壁施的是酱褐色釉，内侧是奶白色釉。灯碗下有矮圈足，碗口是敞口，碗壁微外侈，灯盏的直径也就 4 厘米左右，高约 3 厘米，碗中央有置灯捻的立柱。立柱圆筒形，临近碗底下端一侧开有小圆孔，将用棉线捻成的灯捻由立柱上端插入再从下端小圆孔拉出来，盘在碗里。先将灯碗整齐排列在供桌上，除设五供的前沿外，可能是前后摆成十一列，十列各十碗，最后一列八碗，共计一百零八个小灯盏，布满整个桌面。祭礼前在各灯碗中注满香油，要让灯捻充分吸满油，顺星前不避女眷，还允许姐姐和我帮助大人一起用洋取灯儿（火柴）来点灯，然后一一点燃。于是全桌上碗碗灯火，在微风中摇摆，似群星闪烁。与五供上点燃的红烛和香火，相互呼应，合成奇妙的景观。这顺星是我儿时参与的年关诸祭礼中感到最有趣味的一项。

顺星到行礼时，女眷仍须回屋，还是由全家男士磕头行礼。行礼也是与祭财神一样，一拜三叩。全家依次礼拜后，只将上的香和元宝、千张等放钱粮盆中焚烧，而红烛和灯火则继续点着，一直到烛尽油干自动熄灭为止。这日就怕会遇到刮风天气，如果灯盏被风刮灭，就预示着家庭当年极不吉利。一般到我们睡觉前，灯盏是不会熄灭的。所以孩子们会不断去院里看那满桌燃亮的"星星"（灯碗），围着供桌欢笑嬉戏。

年画棚子

过年前腊月廿六是"扫房日",将房屋扫除干净,就得将去年贴的年画揭除,贴上新的年画。让大人带着上街去年画棚子买年画,是孩子们非常盼望着的高兴事。因为那时距住家最近的年画棚子在隆福寺街上,买年画的同时还能让大人带着去逛隆福寺庙会(旧京内城里的经常性的庙会,东城是隆福寺,西城是护国寺,其中一处逢单日开庙会,另一处逢双日开庙会。各商贩是清晨在隆福寺摆摊,白天营业;傍晚收摊,急忙由东城转往西城;第二天清晨又在护国寺摆好摊,白天营业;傍晚收摊,再急忙转往东城。周而复始,十分辛苦)。

年画棚子是年底才出摊,故并不在隆福寺院内,而是在隆福寺街东口内。当时隆福寺内有一处著名的书店,叫修绠堂,坐落在隆福寺街偏东路南。年画棚子一般都临时搭在由修绠堂往东直到胡同东口的南侧。大的年画棚子一般占地约两间店面,小的约一间店面。都是用席围成有左、右和后墙的倒"凹"字形,上用席盖有平顶,前面敞开处横设一大板案,上面铺陈年画,在三面墙内侧挂满年画，有的棚内从左右两壁横牵长绳，在绳上又悬垂着年画。买年画时先站在板案前看棚内张挂的画样子，选好后由商家从卷着的画中取出新画，铺陈在案上仔细看，如确定要买，再由商家卷好，计价付款。商家看你确实要买，也会请买主进棚去仔细看壁上的画样子，还可以推荐没有悬挂的画。那时的年画大都已经是彩色印刷品了，但也还有些传统的木板刻印的年画。印刷品的画幅较大，有的单幅，构图或横或直，还有的是四扇屏式的一组四张条幅。木刻的画幅较小，或因受木板尺寸限制的缘故。当时热卖的已是印刷品了。

当年多是由大大（大伯母）和娘带我和姐姐去买年画，说是买时尽量由我们自己选，实际还是以大人的意见为主。

买画回家，就会张贴墙上。幼时北京的老宅子是睡炕。我们住的房间前檐（南面）是窗子，窗下就是横设一铺前沿炕，占满整个南侧多半间屋子，我和姐姐一人睡一边。通向堂屋的门开在西墙稍偏北处。炕的东西两侧墙上就是贴年画的位置，男孩女孩一人一边。买来年画一般是四扇屏式的立幅，女孩一侧墙上通常是"四美图"

之类，西施、王嫱等向人展示沉鱼、落雁的容颜；男孩这一侧墙上的四扇屏年画，则是三国故事，如刘关张桃园三结义、虎牢关三英战吕布、赵子龙单骑救主、关云长刮骨疗毒等。

大人高兴时，会照着年画的图给小孩子讲三国故事。所以我童年时对中国古代兵器的印象就来自年画。于是我幼小的头脑里开始有了年画上画的各种兵器：关云长的青龙偃月刀、张翼德的丈八蛇矛、刘玄德的双股剑、吕奉先的方天画戟……又由于那时的年画人物是按京戏场景绘制的，所以画出的兵器也都是京戏中道具兵器的写生。我那时候确实相信古代兵器就是年画上画出的模样。等上了小学以后，对古代兵器的"知识"也不外来自年画、烟画和小人书上画的，以及戏台上演员拿的，还有评书演员说的，以为古人用的兵器真就是那个模样。真正清楚古代兵器的真实面貌，已是到北大研读考古学时，那是后话。不过儿时看年画带给童蒙心灵的美好回忆，那是经久难忘的。

爆竹一声响　家家祭灶王

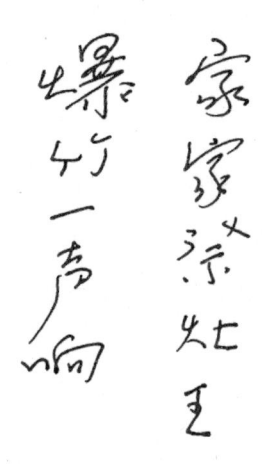

旧年三十年夜饭后，胡同里挨家挨户依次响起轻轻的敲门声，接着就是一声稚嫩的呼喊："送灶王爷来啦！"各家听到后都会立马打开街门，于是门外的孩子送上一张"灶王马"（"马"指"神马"，即神像，"马"亦作"码"。宋代即称纸印神像为"神马"，都城中已有专售神马的"纸马铺"。到清末民国初年时，旧北京的"灶王马"由南纸店经销），门里的人要给他一两毛辛苦钱。

儿童夜饭后送灶王爷这神马，是老北京过旧历年时的民俗之一。因为"灶神马"不像其他神马一样，如除夕接神供的"全神马"、八月中秋供的"月神马"等，都要自己到南纸店去"请"（买）。但是过旧历年时的"灶王马"和"财神马"，全不用自己去请，而且南纸店中也不零售，都是由各胡同里较穷苦人家的孩子，旧年除夕前去南纸店与店主商量好，一次赊取数十张（数量按他可能在邻近的胡同中一户一张送出而定）。因为每户只会收一张灶王马，所以南纸店外赊时要熟知孩子的情况，不能出现两个孩子争送同一人家而争斗的情况出现。与送灶王马不同，旧年初一晚饭后送财神马，那时南纸店就放开限制，可以让几个孩子同时赊取财神马送往同一胡同，因为人们为图吉祥发财，送来财神爷，来者不拒，多多益善。不过付给送财神的孩子的辛苦钱，一般会比给送灶王的减半，最多一毛来钱，如果连续收了三四张财神马后，只是会把给付的辛苦钱从毛来钱减少到几分钱。因为南纸店赊出时这种粗糙印制的神马也只有几分钱一张，但那样送神的孩子就赚不到钱，所以送财神的孩子都要争着对住户送出第一张或前两张，可以多挣几个辛苦钱。

那时的"灶王马"都是木刻彩印，当中是灶王爷和灶王奶奶的坐像，两侧各侍立一个侍者，常是一男一女两个童子。灶王爷官服纱帽，面容端庄而带笑意，面有三绺胡须。神像的两侧是对联，左为"上天言好事"，右为"回宫降吉祥"，上面横额题"一家之主"。各纸店准备的"灶王马"的尺寸都相同，约等于当时对开书页大小，也就是如今天两张 A4 纸的面积。因此各家供灶王的木制神龛，不论贫富，其尺寸大小也大致近似，都是龛内正好贴供灶王马即可，仅制工有精劣之分。灶王龛的位置，都是设在厨房做饭的灶台旁墙壁上方。灶王龛因经年遭油烟熏烤，表面污垢不堪，每年送灶王后取下刷洗清理，是非常难的活计。

　　童年时，除夕夜看到被送到家的"灶王马"后，总要问大人"灶王爷"到底是什么神，为什么每家都要供？大人只是告诉这是老辈传下的规矩，至于灶王爷是谁的问题，答案就是教给孩子一则旧京流传的民谚：

　　灶王爷，本姓张。

　　一碗凉水、三炷香。

　　上天言好事，

　　回宫降吉祥。

再问既然每家都供灶王，每家姓都不一样，灶王爷为什么姓张，大人就没有答案了。

灶王爷为什么姓张？这一问题一直困扰着我度过童年。一直到成为历史系学生之后，一次偶然翻阅《酉阳杂俎》时，无意中解决了这个困扰多年的问题。在唐段成式撰《酉阳杂俎前集》卷十四《诺皋记上》云："灶神名隗，状如美女。又姓张名单，字子郭。夫人字卿忌，有六女皆名察洽。常以月晦日上天白人罪状，大者夺纪，纪三百日，小者夺算，算一百日。故为天帝督使，下为地精。乙丑日，月出卯时上天，禺中下行署，此日祭得福。"由此可知，认为灶神姓张，历史久远，早在唐代已有流传。看来旧京民谚实有所本。但家中祭灶神，并不始于唐代，后汉时应劭撰《风俗通义》已记有阴子方腊日祭灶神的故事："南阳阴子方积恩好施，喜祀灶，腊日晨炊而灶神见，再拜受神，时有黄羊，因以祀之。"后其家官运亨通，"家凡二侯，牧守数十。其后子孙常以腊日祀灶以黄羊。"这则故事甚至被古人视为信史。南朝宋范晔著《后汉书》时，于卷三十二《阴识列传》中竟录入阴子方祀灶神事。关于灶神，唐章怀太子李贤注《后汉书》时又引《杂五行书》："灶神名禅，字子郭，衣黄衣，夜披发从灶中出，知其名呼之，可除凶恶。宜市猪肝泥灶，令妇孝。"又可见在唐代关于灶神的说法也不一致，并不都认为他叫张单。且祀灶神也不始于汉代，应为古俗，至迟在先秦时已形成。《风俗通义》引《周礼》说："颛顼氏有子曰黎，为祝融，祀以为灶神。"又说，"谨按《明堂月令》：'孟冬之月，其祀灶也。'五祀之神，王者所祭。""五祀"指"户、灶、中霤、门、行"。当时按身份不同，依次递减，天子五祀，大夫三祀，士二祀，庶人一祀。庶人一祀，祀灶。应开庶人家中祭灶之先河，后由祭礼演变为民俗，自汉唐流传到宋元明清。同时在流传的过程中，供奉给灶神的祭品也不断发生变化。在汉代，阴子方家族杀"黄羊"供奉灶神。到唐宋时，仍以鸡、鱼、猪头等祭灶神，宋人诗句有"家有杯盘丰典祀，猪头烂熟双鱼鲜"。不知何时，祭灶改为不用荤腥而用素食。到了清代，流传到了清末民初，就如旧京民谚所咏，简单到只有"一碗凉水、三炷香"。

旧北京家庭中沿袭旧俗，都会年年祭灶，但是谁也不会去考究祭灶的源流。我们家也是如此，每年腊月二十三晚饭后必祭灶王，也就是送那位已在家里值了一年班的灶王爷上天述职。

祭灶礼与其他祭祀礼仪相比，显得简单得多。在腊月二十三吃过晚饭以后，只把一张小供桌设于悬挂在厨房大灶旁墙上的灶王龛前，供桌上只陈设一个小型香炉和两个蜡扦（烛台），这与除夕"接神"、初二祭财神、初八"顺星"等要摆八仙桌做供桌，陈设大香斗及铜五供相比，显得分外寒酸。陈设的供品也很简单，除了三杯烧酒外，只有一碟糖瓜、一碟关东糖、一碟南糖和一盘苹果，以及一大碗凉水。在蜡扦下压着一串千张。居中摆一大盘糖瓜，叠放成塔状，最下一层是个头最大的扁圆形约有拳头大小，中间几层个头稍小，最上几层个头最小，只比核桃大一些，大约有七八层高。左侧是一盘长条形状的关东糖，也是一层一层叠成塔状。右侧是一盘带花生的南糖。由于旧京习俗是"男不供月，女不祭灶"，因此祭灶是家中女眷不能参与的活动，由爷爷率领家中男士参加。祭灶又与其他祭祀不同，只由"一家之主"一人主祭。所以行礼时只由爷爷一人叩祭，其余人只需按辈分恭立两旁，不用依次叩头。叩祭时也与其他祭礼不同，不上一整封香，仅在小香炉内上三炷香，一叩三拜。然后先将千张拉开（黄纸的千张拉伸开像是梯子，象征为灶神登天时用的天梯）放入钱粮盆中，把灶王龛中的旧灶神马揭下来放在千张上，再把一些碎的糖瓜和关东糖撒在神马上灶王像的嘴上（为了把灶王爷的嘴用糖粘起来，上天汇报时只说好事，不讲坏话），然后点燃千张，连上面的神马和糖一起烧起来。最后撒入一大把煮熟的黑豆，那是为灶王爷骑的马准备的马料，看着各种物品烧光，钱粮盆里的火熄灭后，祭灶结束。然后将上供的糖瓜、关东糖、南糖分散送往各院，全家上下每个人都要多少吃一口糖，以讨吉利。糖瓜和关东糖过甜又黏牙，我们小孩顶多选一小块带芝麻的南糖吃。

腊月二十三祭灶，揭开过年的序幕。从二十四日起就忙于扫房和准备过年的食物。正如北京民谚所咏：

二十三，糖瓜粘，

二十四，扫房日，

二十五，磨豆腐，

二十六，去买肉，

二十七，宰公鸡，

二十八，把面发，

二十九，蒸馒首，

三十晚上，熬一宿，

……

就在人们三十晚上高兴地吃过年晚饭后，那位灶王爷也风尘仆仆地从天上述职返回下界，又由街坊的孩童用稚嫩的小手送了回来。他老人家又需在灶旁油呛烟熏中熬过新的一年。不过这千百年来灶王爷在我们家风尘来去的生涯终于有了尽头，1949年北平解放，党和政府号召市民破除迷信，树立新风，那年南纸店不再供应"灶王马"，于是在腊月二十三晚上，我们家最后一次送灶王，将"灶王马"连同灶王龛一起焚烧掉了。

和请会、密供、密供会

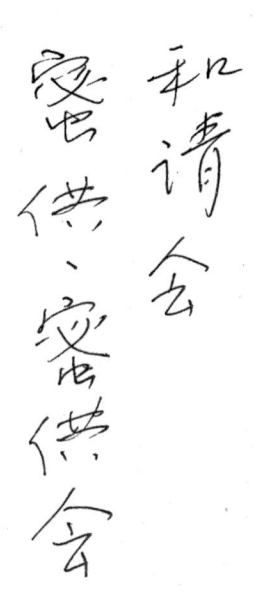

旧京下层人士有一种经济上互助的方式，谓之"请会"。一般在家庭保姆之间较为流行。因每月薪金不高，遇到需要急用钱时，就会去请一支会。他自己做"会头"，找和他相识的邻家保姆，要凑够十个人，然后议定每月各出一定数量的钱，比如每人出十块钱，那就能凑够一百块钱，第一个月由会头使用。然后每个月转由入会的其他人依次使用，到第十个月时，入会的人轮流都各使用了一次，这支会就自动解散了。也就是说入会的每个人等于是每月储蓄了十块钱，储存了十个月后，可集中使用。这种做法，确是每月收入不高的群体间经济互助的有效方式。

追究旧京"请会"的源头，据说是仿效了当时社会上流行的"蜜供会"。

"蜜供"，是旧京庙宇和家庭逢过年时一种专用于供神的祭品，庙内供奉的蜜供，主要由信徒施舍，那也是有钱人显示自己的一种手段。记得幼年时家中过年时，在佛堂供案上就会见到它的身影，一堂蜜供由两件组成，陈设于供案左右两侧。蜜供的形状呈一座方塔形，用面、油、糖、蜜等材料制成，体形小的约一两尺高，体形大的安放在供案上后，顶端可达佛堂的棚顶。因此购置它的价钱不菲，当年是按尺寸高矮定价，自然是形体越高的越贵。一般人家在过年时家中花费本已很高，再加上一大笔钱去购蜜供，有些难以承担。所以制作和出售蜜供的商家，就想出了一种分期付款的办法，就是办"蜜供会"。欲购置蜜供的人，在一年的年初就可以参加蜜供会，会头就是商家的掌柜，入会以后，将所定购的蜜供按尺寸定价，再分成十等份，每月按规定日期去交十分之一的费用。经过十个月后，全部费用交齐，这就可以安然地等到年底，商家会按约定送供品的日期，到期自会派伙计将供品送来。由于蜜供的体积高大，是中空的塔状，又是由面、蜜等制成，成品易碎，因此并不是搬运来成品，而是将"构件"运来，由蜜供师傅在买家安装。其"构件"就是许多大小不等的用蜜、面制成的长方体，断面呈正方形。外观油黄色，还饰有红色的装饰条纹，很像点心铺卖的"江米条"，但形体大而棱角分明。这些蜜供"构件"是装在一种大型圆柱体的髹漆木盒（这种木盒，老北京人习惯叫它"圆楞"，语音，我不知该是哪两个字）中，由小伙计挑来。送到买家后，蜜供师傅问明置放的位置后，就开始安装，先用四根最粗大的长方体，合围成作为基础的方框，然后按井栏结构逐层上叠，各长方体结合处还会刷些蜜浆，使其结合牢固。上叠几层后，就改换尺寸稍小一些的，再逐层上叠，使外体向内有收分。再叠几层，再换小些的，直到叠成一座方形尖塔，最后在顶上插饰彩纸制作的旗、幡等饰件，于是大功告成。

这堂蜜供就会矗立在供案上，直到过年以后二月初二时撤供为止。这类蜜供仅为供品，不宜食用，又已陈设两个多月，面油早已变质，蜜体沾满灰尘，加上供案上香烛烟熏火燎，只能打碎拆掉，弃于垃圾箱中，可算是旧京过年时花费很大的浪费品。因此在日寇侵占北平的后期，社会经济凋敝，一般人家就不再花费这笔蜜供费用了，同时随着时代的变迁，有钱人在过年时会选取更时兴的摆阔方式，也不兴再到庙宇中花钱施舍蜜供。所以在20世纪40年代初，蜜供就逐渐从人们的视野中消失了。

给神上供的蜜供不宜食用，但是当时在饽饽铺（糕点店）中过年时也会卖一种点心，是可供食用的蜜供，外貌长条形，楞方体直，实心，条形的侧壁也饰一横长的红色条纹，遍体涂蜜。大小与饽饽中的江米条近似，但江米条外貌圆润，食之松脆，而蜜供心实而硬，蜜面黏牙，并不好吃，且表面涂蜜多使各条粘黏在一起，吃时要把它们一一掰开。所以大家也不怎么喜欢它。只是过年时偶然应景的商品，平时也很难看到它。随着时光的流逝，到今天它也已与供神的蜜供一样从人们的视野中消失无踪。

正月不剃头

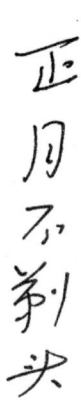

儿时年俗之一，是正月里男孩不可以剃头，北京俗话称理发为"剃头"。还有俗谚说："正月不剃头，剃头死舅舅。"在亲戚里，"舅舅"的地位很重要，把剃头与死舅舅联系在一起，谁也不能不遵守了。男孩一般都不喜欢理发，一听大人说该剃头了，心里就发怵，躲着、哭着闹着不去剃，北京俗话叫"护头"。所以在除夕前，孩子怎么哭闹，大人也得逼他把头剃得光光的，头发长得再快，也可以维持一个月不用理发，好躲过正月再去剃头。

其实正月里不剃头，也有现实的原因。因为正月里剃头师傅都离开旧京回老家过年了，街上见不到剃头师傅的身影。那时在旧京，新式理发店的数量还不多，有也是开在王府井、西单等繁华的地段。一般胡同里的居民，理发还是要依靠那些走街串巷的剃头师傅。他们都回家过年，自然这一个月谁也没地方去剃头了。

说起那时走街串巷的剃头师傅，大致分为两等。高等的是串宅门的，他们不用沿街叫卖，而是固定联系一些大宅门，按约定好的日子，登门去为宅中男士剃头。这类剃头师傅衣着齐整，一般身穿青布或蓝布大褂（长衫），头戴黑色帽头，帽顶盘红色算盘珠子。长裤，裤脚扎黑色绑腿，白袜，黑礼服呢尖脸鞋。打扮干净利落。胳膊下夹一个青布或蓝布包袱，里面裹着剃头的用具，主要工具是剃刀和剪子、梳头发的"抄手"（小拢子）、苫布、磨刀的皮条等。那时新式的手推子刚在理发店使用，并没有普及到串街的理发师傅手中。所以他们理发的主要工具是用剃刀，间或用一下剪子，这也是当时旧京习惯用语称理发为"剃头"的原因（等到手动推子普及以后，旧京人们对理发的习惯用语，就从"剃头"改为"推头"了）。至于理发时用的椅凳、镜子及洗头的脸盆、热水，则由主家自备。记得儿时从记事到上中学前，大致都是由这种串宅门的剃头师傅给剃头的。

低等的剃头师傅，则是走街串巷叫卖型的。这类剃头师傅不穿大褂，都是短打扮，短衣长裤，挑一副剃头挑子，手里拿一种很奇特的工具，左手持一个长长的夹子形的铁响器，右手用一根扁铁条插在左手那夹子中间向外一拉，那夹子猛然颤抖，从而发出特殊的"嗡……"的响亮声响，可以传到很远的范围，从胡同街上直传到人家居室之中。这声音与其他小贩的响器（如吹糖人的小糖锣声，卖果子酪的铜"冰盏"声）区分明显，人们一听就知道是剃头师傅到胡同了，想剃头的就会出门去剃头。见有人开门出来剃头，剃头师傅就将肩上的挑子歇在胡同边墙根底下。剃头挑子结构较特殊，前端挑的是在一块底板上安放的小炉子，里面是燃烧着的木炭，炉上坐着一只盛满水的铜面盆，水已烧热，盆盖边缝向外冒着热气。挑子后端则是一个木方凳，凳面下设两层抽屉，里面放着剃刀等各色剃头用具，还有一块与抽屉面积略小的方木框玻璃镜子。来剃头的顾客就当街坐在方凳上，面前对着烧着热水的炭炉子。剃头师傅取出手巾，蘸着盆里的热水拧干，先让顾客擦脸，然后用剃刀给他剃头。剃光头后，取出镜子让顾客照看满不满意。其实头发已剃光，就是不满意也没法再长回来了。顾客自然点头满意，于是低下头让剃刀师傅用盆里的水洗头，再用手巾擦干。在街边，自然缺乏必要的卫生条件，但当时一般市民就是这样剃头的。因为剃头挑子前端挑的是燃烧的火炉，后端是没有温度的木凳，所以产生了北京流行的一句歇后语："剃头挑子——一头热"。以比喻有人一心主张干一件事，但大家并不支持。或者是某人一心巴结领导，而领导并不领情。

  不论低等或高等的剃头师傅，一般都不是旧京城圈里的人，多来自河北等地，忙了一年，按中国传统习俗到过年时就都回家了。直到进入农历二月，才又会听到胡同里传来"噌……"的声响，表明剃头师傅休假归来。二月二，龙抬头。大家都要赶个"吉利"，赶快剃个"龙头"，把一个多月以来长得像"长毛僧"似的头发理个精光。

二月二 照房梁

农历二月初二,当天晚上掌灯以后,家中的小孩,男孩、女孩都聚在一起,每人手里举一盏红烛。将蜡烛点燃后,由一位大人领着,排成一列,由上房堂屋开始,依次走遍家中所有房屋。每到一间,大家都要将手中红烛举向屋顶,然后一起唱歌谣:

二月二,

照房梁。

蝎子、蜈蚣无处藏。

原来旧京平房，除佛殿等大型建筑有的还是露明造，抬头上望可见梁架。高级的殿堂是装修有木质藻井和天花板。而一般民居顶部已不作露明造，而是用纸糊顶棚。先在顶部扎搭秫秸秆（即高粱的秸秆）成平整的骨架。扎前先要在秆外用纸条斜裹缠贴，然后在上面平糊"大白纸"（特殊的在纸面刷涂过大白粉的专门用于糊棚和糊墙的纸）。纸棚糊好时，平整白亮，满室生辉。过了两年，棚纸变旧，色渐发黄，如屋上瓦顶失修漏雨，还会出现水迹，北京土话叫"峨涟"。且木梁架和纸顶棚之间，亦是积尘藏污纳垢之处所，旧屋更常有老鼠盘踞，蛇、蝎、蜈蚣、蚰蜒出没，最常有的虫子是土鳖。对付老鼠，则是畜养鼠类天敌狸猫。但二月二以后天气日渐变暖，此后毒虫开始活动，令人困扰。所以二月二照房梁的习俗，则是传达了人们企望一年中不受毒虫困扰的美好愿望。但是美好的愿望却很难成为现实。不过"照房梁"还是让儿童高兴，手举红烛，唱着跳着，逐屋奔跑，过一个开心的夜晚。

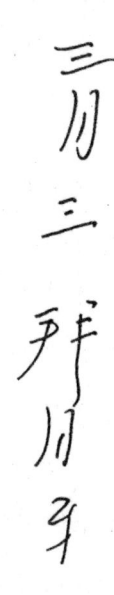

三月三，拜月牙。

月公　月母　月菩萨。

风牙随风去，火牙入火匣。

虫吃牙，永不发！

这首儿童歌谣是三月初三晚上唱的。因为那时生活在旧京的人们，常被牙病缠身。俗语说："牙疼不算病，疼起来真要命！"所以有些习俗表明人们总想借助非自然的力量，能够达到不得牙病的愿望。三月三拜月牙的习俗是其中的一例。此外如在八月十五中秋供月时，要在钱粮盆中烧毛豆，然后大家分食，认为吃了烧熟的毛豆，来年就不会牙疼。

三月初三晚上，拜祭月牙，不算是正式的祭礼，只是在院中摆张小桌，放上香炉，插上三炷香，然后由家中小孩们拜祭，一边磕头一边唱前面引述的歌谣。所以孩子也拜得很高兴，跟做游戏一样开心。

从歌谣的内容，也反映出老年间对牙病缺乏科学的认识，所以只能把牙病归纳为"风牙""火牙"和"虫吃牙"。所谓虫吃牙就是龋齿，大人告诫小孩不要贪吃糖，否则牙齿就会让虫子给吃坏了。但是并没有认识正确的牙齿卫生，仅是让小孩早晨起来后用清水漱漱口。当时已是20世纪40年代初，但是旧京一般居民间牙刷的使用还不普及，有人早晨只是用手指蘸一种叫"胡盐"的粉末擦擦牙齿，再用水漱掉。用牙刷的家庭中，牙膏并不普及，而多用牙刷蘸牙粉刷牙，普通牙粉是纸袋包装，高纸的牙粉用小圆形扁铁盒盛装。我们是到上了小学后，才由卫生老师教会正确地用牙刷、牙膏刷牙，从而养成刷牙习惯的。

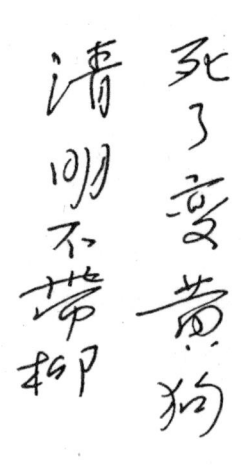

每到清明节，京中旧俗要"带柳"，就是用从柳树上折下嫩叶已生出的树枝，编成圆圈形状，戴在儿童头上。但是当时胡同里的行道树，通常并不种植垂柳，多为榆、槐（北京街道旁广植柳树，是20世纪50年代开始，据说因成树时间较快之故）。一般人住宅的院落里，通常也不种柳树，除榆、槐、桑等外，常种枣、杏、桃、柿等果树，只有附有花园的大宅，在池水旁种植垂柳。所以折采嫩柳枝，还要家中大人事前花时间准备，清明前一天去大量植有垂柳的河、"海"岸旁，如什刹海和护城河边，将嫩柳枝采回家，插在贮满净水的瓶中，一般要把插贮柳枝的净水瓶放在佛龛前。

清明当天一早，大人早早就取柳枝编成圈，戴在孩子头上，然后带着孩子们出门到胡同里游逛。因为我们家采的柳枝较多，所以当天也会多编些柳圈送给邻居的小伙伴。当把送上的柳圈戴到邻居孩子头上时，对方会非常高兴，欣喜之情溢于言表，真似如奥林匹克选手竞技胜利后戴上桂叶冠似的。戴着柳圈的孩子汇集在一起，一边欢笑一边唱歌谣：

清明不带柳，

死了变黄狗！

遇到没有戴柳圈的孩子（因为许多家庭的大人忙于工作，没空去花时间给孩子采柳枝），更是示威似的朝人家大声唱，弄得人家灰溜溜的，因为没人愿意"死了变黄狗"呀！

欢乐之余，返回家里，幼小的头脑中总会弄不清：为什么清明不带柳，死了就会变狗，而且非是变成黄狗呢？于是去问长者，但又总得不到答案。有时大人被缠得不耐烦了，就会说：什么事都不能老是"打破砂锅问到底"，这些都是老辈传下来的！于是"清明不带柳，死了变黄狗"至今仍属千古之谜。

纸老虎

这里说的"纸老虎",不是说那个比喻万恶的美帝国主义的纸老虎,而是儿时旧京端午节所张挂的辟邪纸虎。

五月初五,端午节到了。

端午节,在北京也俗称"五月节"。记得儿时过五月节的许多习俗,是与全国各地相同的,如吃粽子、饮雄黄酒、挂菖蒲艾子等。但北京缺大江大河,所以儿时未曾见过如南方龙舟竞渡之盛况。因为是小孩,当天还要由大人在额头上用雄黄画个"王"字,以壮体辟邪。如是怀抱的婴儿,还要戴虎头帽,穿虎头鞋。女孩还要在当时穿的长袍大襟的第一个纽襻上挂一个用各色花丝线缠制的小"粽子"。此外,当天还要把迎门墙上的画改挂成驱邪除祟的"判儿爷",就是钟馗的画像,乌纱帽,大红袍,手舞长剑,以斩鬼除邪。在他头上方还常飞舞着一只蝙蝠，蝠、福谐音，以象征迎福。其中让我至今难忘的，是由太太（祖母）制作的辟邪纸虎。

在端午节前，爷爷就会带着我们去东四牌楼北边的南纸店买黄纸，那种黄纸是染色而成，只染正面，所以正面是明黄色，而背面仍是白色。回家以后交给太太，用以制作端午节时张挂的纸老虎。

纸老虎是要用纸条编成的。制作的第一步，是在太太指导下将黄纸裁成宽15毫米左右宽的纸条，再将裁好的纸条对折备用。第二步是编老虎的头和躯体，共用十张纸条，四横六纵，交叉穿合。四横条是两长两短，两长条是编躯干，两短条是虎头部位。六纵条是两长四短，两长条是编虎头及其颈、胸部位。四短条是躯干。交叉穿合后呈方格状。第三步是将正面所有外伸的纸条头端，按顺时针方向依次回折成"方胜"状，并剪去多余的部分。然后反转过来，再将背面外伸的纸条也依次按逆时针方向回折成"方胜"状，并剪去多余的部分。于是一只侧身昂头的老虎的基本造型就完成了。第四步是用黄纸剪出两只虎耳和四只虎足，依次贴好。并另取一纸条，先对折，然后向下顺序折叠成"方胜"状，共折四组，这是老虎的尾巴，将它贴在躯后尻处，成为直立的虎尾。最后一步，用红纸剪出贴于虎额的"王"字及虎的大嘴，用黄纸剪出虎鼻和双眼，都贴在折好的虎上，然后用墨笔加绘双耳的耳轮、双眼的睛珠、虎口两侧的虎须，以及四足的指、爪。一只生态威猛的端午辟邪纸虎就生动地呈现在人们面前（图六）。

图六　端午辟邪纸老虎

除纸老虎外，太太还要拿小剪子用红纸剪出辟除"五毒"的吉祥符，图像是一个张开口的大剪刀，正铰住蝎子的毒尾，它是应被消灭的"五毒"的代表。下方是四下逃窜的另四"毒"，即长虫（蛇）、蜈蚣、蝎里虎子（壁虎）和癞蛤蟆。剪好后贴在白纸上。

太太所做的纸老虎和辟除"五毒"的吉祥符的数量，是计算了全家长幼各房的数量，按每房一份，都要在初五前完成。在初五那天晚辈去请早安时，分发每人一份，回去张贴在屋门内右侧墙壁上，以求镇邪除毒，全年吉祥安康。

如今世境变迁，似沧海桑田，端午时京中除到处充斥着各种新式粽子以外，已全无旧俗。在我家，太太她老人家仙逝已久，辟邪纸虎亦早已绝迹。今据童时记忆，于端午时重制一辟邪纸虎（见图六），慰情聊胜于无，以忆儿时旧俗也。

七夕

农历七月初七,由于流传久远的牛郎和织女的忠贞爱情故事,时至今日令人不忘,好事者还将这一天铺陈为中国式的"情人节"。

在古代,每逢七夕,是妇女"乞巧"的节日。

但是在幼年时,家中每逢七夕,则另有不同的欢乐,因为那一天是我娘的生日。她是我姥爷(外祖父)那桐的第八个女儿,出生于清光绪十三年(1887年)七月初七日。在《那桐日记》中,光绪十三年七月初七记:"内子于酉正二刻生一女,名八姐,大小人均平安。"

旧京人们过生日,习俗之一是要吃寿面,寿面面条的长度比一般吃的面条长,盛在碗内以后,临吃前要用筷子高高挑起来,谓之"挑寿"。老北京人的寿面是打卤面。做卤的全过程先是选取猪肉连皮整块煮汤,放入姜、大料等作料,加入料酒去腥。肉烂汤浓后,将肉捞出,去皮切成厚片，然后将切好的口蘑、香菇、黄花和黑木耳等下入汤中煮熟，然后调味，放盐、酱油和少许白糖，再下入切好的肉片，用湿淀粉勾芡，最后淋入打好的鸡蛋，即告完成。过生日的饭桌上，主食除寿面外还有用白面蒸的"寿桃"。寿桃的形状，并不是像今日饭店里的那种做成桃子，还将桃嘴染成红色的模样。而是将发面放入木模子，磕出扁体的桃形，中央有一个大寿字。我小时候，与其他孩子一样，并不习惯吃那滚烫的卤面，特别是"寿面"又烫又长，孩子吃饭匆忙，真是又烫又难入口。这时常是向大人要一碗热卤，把寿桃掰碎，蘸着卤吃，既不烫嘴，吃得又快，别有风味。

　　七夕穿针乞巧，是女孩参与的活动，男孩只能远远地观望。

　　到了晚上，据说就到了牛郎织女一年一度鹊桥相会的时刻。旧京传说，当晚未成年的孩童躲到葡萄架下，静静地仔细聆听，就能听到织女向牛郎哭诉时的哭声。为什么只有在葡萄架下才能听到？追问大人，他们也说不清，只知道这是老辈传下来的。我和姐姐都非常想听织女的哭声（也就是天上神仙的哭声）是不是和普通人一样？但是家里没有葡萄架，无法实现。恰好我六岁那年，一位亲戚送给娘一棵葡萄苗。当年就种在屋前东侧窗下，也搭成一个小葡萄架。由于培育不得法，葡萄枝叶茂盛，就是不结果。对于葡萄结不结果，我们孩子倒不在乎，只想到七夕时躲到葡萄架下去聆听织女的哭声。终于等到那年的七夕，晚饭过后，回到屋内，匆忙洗漱，就搬起小板凳到院中，先仰望星空（20世纪30年代末，北平城内还都是平房，电灯还不普遍，许多人夜晚还用煤油灯、蜡烛照明。胡同里路灯稀少而光线昏暗，有的胡同还没有路灯。所以夜晚可以清晰地看清星空），沿银河找牛郎星和织女星，看有什么变化。它们仍然分隔在银河两岸，与日常情况没有不同。大人解释说，星宫是神仙居住的地方，不会改变，神仙（牛郎和织女）应该是在这时候离开星宫去银河，通过喜鹊们搭的桥在银河中央会见，人在地上没办法看见。既然无法看见，那还是赶快到葡萄架下去聆听织女的哭声。我和姐姐就搬着小板凳钻进低矮的葡萄架下，坐在那里静静的聆听。等待多时，听不到任何哭泣声，只是那葡萄架很矮小，平时架下阴暗潮湿，本是蚊子滋生的地方。孩子钻进去后，蚊子群起飞舞，发出嗡嗡的鸣叫。大人会用大蒲扇从架外向里扇风，为孩童驱赶蚊虫。在葡萄架下待了近一个小时，聚精会神地仔细聆听，除了蚊虫的嗡嗡叫，什么也没有听到，只是困得想睡觉。这时娘走过来说：该去睡觉了，明儿早上好看看树上有没有喜鹊。这样一说，我们就从葡萄架下钻出来，进屋去睡觉。

七月初八早上看树上有没有喜鹊飞来，又是旧京关于牛郎织女传说的一个组成部分。传说七夕夜里天下的喜鹊都集合到银河上，为牛郎、织女搭成鹊桥，让他们俩从银河两岸踏着鹊桥走到鹊桥中央相会。因为飞去银河搭鹊桥十分辛苦，第二天喜鹊们都累得只能卧在巢中休息，所以初八早上看不到平时在树上喳喳叫的喜鹊。到初九再见到喜鹊时，可以看到它们背脊上的毛是散乱的，那是因为搭桥时背脊朝上，牛郎、织女从它们背脊上踩踏而过，就会将背脊的毛羽踩得散乱不堪。

不知什么原因，那年农历七月初八清晨，平时在房前喳喳叫的几只喜鹊竟然没有出现。虽然昨夜没能在葡萄架下聆听到织女的哭声，早上没看到喜鹊飞来，这又让我们真的相信那些传说是真的。又过了一天，到了初九清晨，还没等出屋门，就已经听到喳喳的叫声，喜鹊来了！它们在树上飞来飞去，或停留在高高的枝头。小孩向上仰望，总是无法看清它们的背脊。我们想引它们飞下停在地面上来，就用盘子盛上泡湿的小米，还有碎馒头渣，以为可以引诱喜鹊下来吃，只要它们落在地上，自然就可以看清它们的背脊。很遗憾，那时确实不知喜鹊的习性，它们对小米和馒头毫无兴趣，倒是引来了成群的麻雀，它们很快就将那些"美食"一扫而空。娘拿来在剧场看剧时用的小望远镜，但是因为放大的倍数太小，仍然看不清在树端的喜鹊。于是我们又去前院请求爷爷，让我们用他的大双筒望远镜来观察喜鹊。他同意了，并教我们如何调整焦距。通过望远镜，高踞枝头的喜鹊似乎就站在眼前，很清晰地看到它们的背脊。十分遗憾，喜鹊背脊的毛羽一点也不散乱，光彩鲜明。说是遗憾又不感到遗憾，因为用望远镜观察喜鹊，得到了新的知识。

神话总是给孩童带来美好的遐想，
观察则是让孩童了解真实的情景。

莲花灯

莲花灯，

莲花灯，

今儿个点了明儿个扔。

这首旧京民谣，讲的是每年农历七月十五晚上，小孩手持莲花灯满街串时边走边唱的情景。

农历七月十五，是佛教的盂兰盆节。旧京民间亦俗称"鬼节"。这一天旧京的诸多佛教寺院，要"放焰口"，向亡灵施食。到了晚上，各家各户要烧"包袱"，向历代祖先馈送节礼。所谓"包袱"，是一种像大信封样子的白色"高丽纸"口袋，正面也有类似送礼用信封的立签，但是给"生人"送的礼封的立签是红纸的，而向"亡人"送的礼封是用蓝纸做签。这种包袱由南纸店糊好出售，有大有小，大号的大约高有一尺五（45厘米）左右，中号的高约一尺（30厘米），小号的就小于一尺了。尺寸不同，其容量相差更大，所以售价也相差很大。买了包袱以后，还要买金、银箔纸，用于折叠成金、银锞子（元宝）形状，以装满包袱，要装满大号包袱，需要花更多钱。较穷的人家，买了小号包袱，通常只买些黄纸刻出的圆形方孔纸钱放入包袱，可以节省很多钱。幼时在七月十五日前，爷爷就会带着我们去东四牌楼北、隆福寺街口南的南纸店（这座店的字号我记不起来了）去买十余个大号包袱和好几刀（一刀纸，为一百张）金、银箔纸。提回家后交给太太（祖母），由她用毛笔恭楷写好包袱封签，内容分别是各代祖先的官职和名讳。然后由她领着家人用金、银箔纸叠"锞子"。买来的金、银箔纸是已裁成大约长10余厘米、宽近10厘米的长方形，每百张扎成一刀，解开后，立即可进行折叠。折叠的方法是先将长方形的金、银箔纸沿长边从左右向内折，让右侧边稍压住左侧边，再将上下端的两角依中线内折，使上下端均呈三角形，然后沿三角形底边向内折，就叠好了。最后用两手的大拇指和食指各捏住一边三角形的尖角，用力一抻，于是中间呈空心筒状，两侧尖角上翘，形状很像老年间贵金属货币"元宝"。金箔叠的锞子象征金元宝，银箔锞子象征银元宝。再将它们装满包袱，用糨糊封住封口，为先辈供奉的装满金银的包袱就大功告成，只等七月十五夜深时烧献祖先（因为烧包袱在深夜，当时我年幼，不宜熬夜，长辈没有让参加）。

比折叠锞子更让孩子感兴趣的是去买莲花灯。与八月十五前卖兔儿爷的摊子出现的情况差不多，也是在七月十五前大约四五天，卖莲花灯的摊子才在街上出现，但是其盛况远不能与兔儿爷摊子相比。更多的是推车串胡同售卖。卖莲花灯的小贩推一辆独轮车，车上插满莲花灯，在车头挑起一盏个头挺大的灯，从灯的上口又向四方各伸出一个灯枝，上面各挂一盏较小的灯，灯下都悬垂着较长的红穗子，车行时随风飘动，很远就能看到。这盏多枝的大灯是"非卖品"，用来做招揽顾客的"幌子"。因为七月十五日晚上举着莲花灯上街的，都只是学龄前的幼童，因此一般的莲花灯都制作得较小巧，最常见的多是直径约一尺到一尺半左右（30—45厘米）。

莲花灯都是圆形的，大体像一朵上仰的莲花。以细竹篾作骨架，纸制莲瓣。制作莲瓣的是一种特殊的带皱纹的纸，先裁成莲瓣大小的长方形，将上端浸染于红颜料中，使上半张纸呈红色，红色又向下晕染，自然地逐渐变淡，下端是纯白色。然后将上端捻合到一起成尖角，就形成一个尖红底白的莲瓣。一盏灯用上下两重上仰的莲瓣，沿竹篾灯架周体贴成。下面再缀垂用红丝线制的垂穗。用一根外表缠裹红纸的秫秸秆，作为用手横持的灯杆，将灯悬挂在杆头。点燃灯中插置的红色小蜡烛，通体透明，宛如一朵盛开的红莲。

七月十五日晚饭过后，大大（大伯母）、娘和两位姑爸（姑姑）一起引领着姐姐和我走出家门。黑的夜，昏暗的路灯，朦胧的月色，胡同中一片昏暗。大人的脸庞都看不十分清晰，只有点燃的莲花灯，散发的光焰，映红了持灯孩童的面庞。老远就可看清持灯的邻居小伙伴，赶忙高喊名字，相互招呼。一时满胡同都是妈妈手牵持着莲花灯的幼童，大家聚向胡同中一处大八字形高影壁墙前，那里是全胡同中最宽阔的场所，有两棵大槐树，还竖立着一根路灯杆（那年头全胡同只装有三盏路灯，接近东、西胡同口各一盏，胡同居中处一盏，光照不足，颇显昏暗）。于是大人们聚在一旁闲聊，孩童们围成一圈，手持莲花灯，一起嬉笑玩耍，极为欢乐，别是一番风景。孩童如此兴奋欢欣，其原因是当时家里都从不准许幼童在天黑后出家门到胡同中玩耍，一年里只有七月十五日这一回，简直可以算是孩童一年一度的夜晚"狂欢节"，谁能不兴奋！谁能不欢欣！时间过得真快，灯里的第一支红烛泪干燃尽，大人再给续点一支新烛，继续玩耍。等到第二支红烛将要泪干燃尽时，约莫已经一起玩了个把小时，大家就都准备回家了。由于莲花灯按习俗是"今儿个点了明儿个扔"，所以就不宜再带回家去。最后就由幼童们站成一排，各自用力摇晃一下悬灯的灯杆，猛然往路边远远一扔，圆形灯体横行在地上滚转，灯内歪倒的烛火迅即点燃纸灯体，整个灯迅速地在地上烧成一团火球，几十个小火球，像是暗夜中的明星，等着它们火熄烟灭后，大家尽兴而归，孩童们互相道别，相约明年再一起点莲花灯，各自回家。

　　回家后我们总会有许多问题，不断问长辈，为什么要点莲花灯？为什么只能在每年七月十五？是什么人定下来的？……大人会回答：跟佛爷有关系，因为每年七月十五，庙里要办"盂兰盆会"，超度亡灵。再问为什么叫"盂兰盆"？大人会说是因为目连僧地狱救母。再问谁是目连？大人还会简单地讲述目连救母的故事。想知道更多的故事情节，大人又会说京剧有一出戏演的是目连救母的故事，等长大了你们可以去听这出戏。可是我们越听反而越摸不着头脑，更加弄不清为什么叫"盂兰盆"，又跟佛爷有什么关系。再想问下去，大人就会说时间太晚了，应该去睡觉。不敢再问下去了，小小的头脑里仍然弄不清楚，反正已经点过莲花灯玩得很高兴，只得带着问题去睡觉。

等到年长后，学了历史，懂得查书以后，翻阅过《荆楚岁时记》《老学庵笔记》《东京梦华录》等书，还懂得一些关于佛教东传的知识以后，才弄清什么是"盂兰盆"，也知道中国七月十五行盂兰盆会可早到六朝时，到北宋已形成平民参与的颇为热闹的节日。宋孟元老撰《东京梦华录》"中元节"条记述颇详，抄录于下：

七月十五日，中元节。先数日市井卖冥器，靴鞋、幞头、帽子、金犀假带、五彩衣服，以纸糊架子盘游出卖。潘楼并州东西瓦子，亦如七夕，要闹处处亦卖果食、种生、花果之类，及印卖尊胜目连经。又以竹竿斫成三脚，高三五尺，上织灯窝之状，谓之盂兰盆，挂搭衣服冥钱在上焚之。构肆乐人自过七夕，便般目连救母杂剧，直至十五日止，观者倍增。

  由其书中的叙述，可知北宋汴京七月十五日盂兰盆节之盛况。那时节已盛行目连救母戏剧的演出，也流行为亡者烧冥器的习俗。经历代演变，北宋时烧纸制"明器"，已转成晚清民国时旧京民俗为亡人"烧包袱"的习俗；目连救母也由宋时的"杂剧"，转化为晚清民国时旧京流行的京剧。由古印度东传的佛教盂兰盆会，随着佛教中国化和世俗化，北宋时已成为热闹的平民节日。再演变到民国初年，在平民节日中还增添了娱乐孩童的因素，那就是我们儿时只可点玩一天的"莲花灯"。在孩童平淡的生活中，平添节日的情趣，虽然只能是仅仅一个晚上的欢乐，"今儿个点了明儿个扔"，但是小小的纸灯，所带给孩童的情趣是"扔"不掉的,莲花灯红烛的灯焰,点燃起他们心里的期望:盼望着明年七月十五的到来,不为宗教,不为神佛,只为了能再与邻居的小伙伴在夜晚尽情玩耍,为了一起点燃新的莲花灯、新的希望……

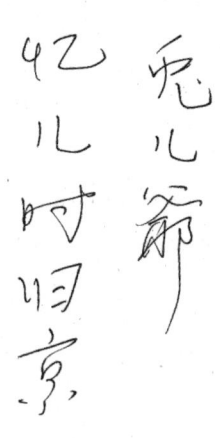

又到今年中秋节，忆起旧京兔儿爷。

记得儿时全家迁居东四牌楼北的马大人胡同（无产阶级"文化大革命"兴起，胡同名不准出现"大人"故现已更名为"育群胡同"），旧址紧贴在胡同东口北侧。临近中秋节前，大约在农历八月上旬，儿童的节令玩具泥兔儿爷（北京人儿化音，不读兔—儿—爷，而是读成兔儿—爷）开始上市售卖。当时在旧京东半城一带，卖兔儿爷的货摊集中在东四北大街一带（因年幼，对当时西城及前门外的情况我不清楚）。旧京人们对卖兔儿爷的货摊子不叫"兔儿爷摊"，而叫"兔儿爷山子"，可能因为卖兔儿爷的货摊子与售卖其他物品的货摊平台形状不同，而是搭成高耸的阶梯形状，一般的有三层阶梯，大的有四层甚至五层，每层都摆满大小不等的兔儿爷，遥看就像站着兔儿爷的层层山峦，故名"兔儿爷山子"。当头天下午看到开始有人往街边搬运来用于搭建兔儿爷山子的木板等物，就预示着第二天兔儿爷山子就要开张营业了，因为搭建阶梯形摊位和摆放货品，摊贩都会在一夜里全部完成。果然第二天早晨出门，走出胡同口向南北两个方向张望，真如雨后春笋一般，一夜间马路旁矗立起一连串的兔儿爷山子，上面层层摆满色彩鲜明的大大小小的兔儿爷，街道呈现出与前日不同的亮丽风景。兔儿爷山子一词由来久远，清道光二十五年（1845年）《都门杂咏》竹枝词《中秋》。就有"瞥眼忽惊佳节近，满街争摆兔儿山"之句。

在我临上小学前一年，虽然当时的旧京正沉浸在耻辱中，已在七七事变后被日本侵略军侵占，沦陷多年，但日本军国主义者还没有发动太平洋战争，虽然在日伪统治下，市面上还很平静，当时是我记忆中兔儿爷山子摆得最多显得最繁荣的一年。当年的兔儿爷山子，从东四牌楼根那个日伪巡捕阁子（位置相当于今天东四北大街的邮局）

往北开始，一座座兔儿爷山子向北顺序一字排开，一直延续到马大人胡同以北，南北两端是规模较小的兔儿爷山子，多是三层阶梯。靠向中间的是较大的，高度多至四层。最大的几座位置约在万春堂药铺（今日已变成同仁堂药店，而当时东四的乐家老铺是在马路东侧偏北的位置）前面一带，都是高五层的大山子。与其他货摊一般是把大件商品摆在下层、小件的往上层摆的方式不同，兔儿爷山子上是把最大个儿的（高1米左右）摆在最高一层，次大的（高80—70厘米）往下摆一层，依次下摆，一般大小的（30—20厘米）摆在最下层，最小个儿的（20厘米以下）不摆在山子上，而是放在山架下蓝布垂帘内，有顾客要买时再掀帘掏出来卖。究其原因，那些大型的兔儿爷很少会有人买，基本是一些陈列品，它们制工精美、色彩艳丽，陈列出表现摊主的技艺高，又借其观赏性将顾客吸引过来，以期买卖兴隆。而大量备的货是一般民众认为大小合适、价位也合适的1市尺左右高的，它们摆在最容易接触的下层，以供大家随意选购。至于最小的十来厘米的货，摆出来不够气派，但也要准备，供穷孩子来买。有时还会在顾客买了较大的兔儿爷后,拿几个小的当礼物来送。

现在的人或许要问,当年兔儿爷山子上大下小的摆放,是否头重足轻不安全。其实并非如此。首先是下面的摊架是十分安全牢固,因为卖兔儿爷的摊主并不是自己搭的摊架,而是请北京的棚铺代劳,材料是棚铺的,由棚铺工人扎建,那些工人都是架子工,搭天棚、喜棚和丧棚的高手,用材都是架子材,所以山子的面阔,小型的是一块架子板的长度,大型的是两块架子板的长度,板宽约当人脚的长度。摊架极牢固承重。其次山子上摆的兔儿爷基于其特殊工艺,个头虽大,但重量并不十分重。真是令人遗憾,兔儿爷的制作技艺早已失传。当年的兔儿爷虽是泥塑作品,但不是实心的,不仅空心,而且器壁极薄,一般只有今日卡纸板的厚度,以一般大小的成品,泥壁厚度只有7—8毫米,虽然体高约1市尺(30余厘米),但一个四五岁的娃娃可以轻松地拿抱。同时,兔儿爷的造型也很有讲究,它的下底有较厚的泥饼,所以下重上轻,且造型下阔上窄,自腰以上至头部整体呈三角形,所以重心稳定,不易侧倒。如果按现时那些工艺家仿制的实心泥塑品，要是高到 30 厘米，其重量就很可观了。如果塑个 1 米高的实心大泥家伙，就得找举重运动员来搬才成。但按当年的工艺，虽 1 米高的作品体壁相对较厚些，但重量仍有限。所以山子上摆满了兔儿爷，还是十分安全的。记得那些兔儿爷山子的摊主，口音相同，全是同乡。他们说他们家乡除农忙外从事的都是制作兔儿爷的手艺。因当时年幼，虽听大人问他们家乡的具体地点，距北京城较远，我已记不得了，只依稀记得或许是河北的哪一个县，看来今日这一手艺早已失传了。

兔儿爷的形貌是兔首人躯，头戴兜鍪，身穿金甲，外罩战袍。头上兜鍪前面露出的脸部，呈鸭蛋形，上额部较窄，两颧骨处最宽，向下收窄成较尖的下颏。眼睛是三角眼，直鼻，下面是"人"字形的三瓣嘴，嘴的两侧横画几根胡须，一般是三根或四根。它头上那后垂至项的兜鍪以及身上的铠甲和战袍，明显是模拟自武圣关帝，兜鍪和战袍绿色，战袍斜披，左臂穿在袍袖内，右半身外露，露出金甲右臂的披膊和臂护，披膊上一般画出山字纹状甲片。它端正地垂足倚坐在山石上，山石上满饰各色花卉，颜色艳丽。左手托药臼，右手握药杵，作捣药状。也有的不坐在山石上，而是坐在各种动物上，一般是色彩斑斓的猛兽。它的坐兽又是仿自佛道及民间诸神乃至小说人物，例如华严三圣的坐骑，文殊的狮子、普贤的象、观音的犼，黑虎玄坛的虎，申公豹的豹，老子的牛，唐僧的马……统统都被匠师借用过来作为兔儿爷的坐兽，又多选取猛兽，以狮、虎为多。又不采用原兽毛色，改绘成各种鲜明的色彩，例如把狮子涂成湖蓝色、马涂成朱红色等。使作品不单鲜明光艳，而且闪现神奇的色彩，也更受儿童喜爱。兔儿爷的头顶两侧各开有一个插兔子长耳朵的圆孔，背后中央部位又有插护背旗的插孔。兔儿爷的耳朵是另行制作的，长度约与面高相当，北京人习惯不叫"兔儿爷的耳朵"，而叫它"兔儿爷的犄角"。按卖家的规矩，在山子上陈列的兔儿爷，不论大小，全都不插犄角。只有当你讲妥价钱并交完钱后，摊主才打开他平时当坐凳的木箱，取出一对合适的犄角插在兔儿爷头上。究其原因，是摊主的防范措施。因为山子前顾客和观众较多，特别是围观的小孩很多，一般看摊的只有一两个人，如果同时有两三个顾客带着孩子来买货，还有许多围观的人，下层摆的兔儿爷就会有被人乘乱偷去的可能，但是想去打开木箱再偷犄角，那是很难办到的。缺少犄角，所以偷去的兔儿爷不但不完整，还没脸拿出来玩，让别人看见玩缺犄角的兔儿爷，明显不是正规买来的，自然十分丢脸。至于护背旗，是用竹篾做旗杆，上贴三角形彩旗，一副四根，插在兔儿爷背孔上，仿效京剧中扎靠的武将的护背旗，买一副价钱相当于兔儿爷价的三分之一左右，因此大家嫌贵，而且它与犄角不一样，不插没关系，所以一般很少有人买。

兔儿爷只是时令的儿童玩具，泥胎很薄，不易保存。按旧京的习俗，家里买来的兔儿爷不准过年，就是没有玩坏，到年底祭灶前一定要把它摔个粉碎。因为老人告诫小孩，隔年的兔儿爷会成"精"，成了精会祸害人。孩子问原因，老人会给讲如下的故事：有一家一个小孩舍不得他玩的兔儿爷，就留过了年，没想到那兔儿爷就成精了。小孩习惯在吃早饭时天天买面茶吃，还把面茶供在兔儿爷前面。有一天小孩忘了给兔儿爷供面茶，惹得成了精的兔儿爷十分生气，于是它就变成小孩的模样，出门自己叫住面茶挑子端回一碗面茶喝，但是没付钱（当时北京的习惯，从面茶挑子买面茶，是盛好面茶连碗端回去，喝完后把碗送出来然后付钱），卖面茶的小贩在门外等着，左等不出来付钱，右等不出来付钱，过的时间太长了，就叩门要钱。主人出来一问，是个穿绿袄的孩子买的，而家里从来没给孩子穿过绿色的衣服。又叫小孩来问，并没端过面茶。于是叫小贩进来，一起找，最后发现盛面茶的空碗在兔儿爷面前摆着，而且兔儿爷的嘴上还残留有面茶上的麻酱的痕迹。于是知道兔儿爷成精了，赶快把泥兔儿爷砸个粉碎。故事讲完了，孩子听后并不觉得兔儿爷成精令人恐惧，只是觉得它都成精了，怎么会那样蠢？不过当时都是按习俗，不会保留隔年的兔儿爷。后来想想，制造这习俗的源头，没准出自制作和贩卖兔儿爷的人，因为兔儿爷长期保留，他第二年就没生意了。其实除了兔儿爷外，旧京其他时令玩具的寿命有的比兔儿爷还短命，例如农历七月十五点的莲花灯，寿命只有一天，当天晚上小孩手举点亮的莲花灯，一边走一边唱："莲花灯，莲花灯，今儿个点了明儿个扔！"玩够了就把纸灯往街上空旷处一扔，灯内的蜡烛火焰燃着纸灯，一会儿化为灰烬。

在兔儿爷山子上，上面几层和下层的大部分都一个紧挨一个地摆满兔儿爷，唯有下层的左角，摆着几个"二师兄"猪八戒的坐像，黑色的僧袍，领口中伸出一个两边垂着大耳朵的黑色猪头。它坐在底托上，面前放有一个圆木鱼，他左手举在胸前打着问讯，右手拿着木槌。中空的体内用皮筋等做成机关，连着耳朵、嘴和拿木槌的手，拧紧机关后一放松，皮筋就使耳朵、嘴巴和右手联动起来，使得它一边摇双耳、一边吧嗒嘴、一边敲木鱼。为什么兔儿爷山子不卖其他玩具，除了兔儿爷只有这种姿势的猪八戒，没有人能说清楚。

还必须强调的是，兔儿爷只是儿童玩具，与八月十五中秋节供月无关。记得去年《中国文物报》刊登过一幅"旧照片"，据解说照的是老北京人供月，摆着张小号的八仙桌，上面放有水果等供品，桌后似立有月神马，但桌面上右边后角还放了个看来只有十来厘米高的小兔儿爷。桌左边站着一个穿长袍的妇女，从衣着看应是20世纪30—40年代旧京居民的贫民打扮。拍照的时间是大白天，供桌摆在日光下，太阳照射的供桌和人的影子很明显。文章作者认为这是写实的旧京的老民俗照片。非常遗憾，那并不是真实的民俗照片，看来当年拍照的人是一个并不了解旧京民俗的外省人，当时是花钱随便找人按他的意思摆拍的。那张摆拍的照片最大的失误，就在于他不知道旧京供月是在晚上月亮出来后才可以设供桌，大白天太阳地里摆供月的供桌的人，不是傻瓜就是骗子。按老北京习俗："男不供月，女不祭灶。"阳阴分明。从小背《幼学琼林》："日为众阳之宗，月乃太阴之象。"日月阳阴分明。因此，女士准备供月用品，需在落日以后。且布置供桌及致祭时，所有男人必须回避，躲在房内，拉严窗帘。男孩只是上学前的幼童，准许看摆供桌，等致祭时，仍不得参与，同样得回到房内去。供桌上绝对不会出现玩具兔儿爷。看圆月升起后，才可以设桌摆列供品。供月摆设的供桌，比除夕"接神"、初八顺星等时的桌子要小，一般八仙桌即可，所陈设的铜五供

（烛台、香斗等）也用比"接神"小一号的，与祭灶时用的一样，应属同一等级。自然烛台所插的红蜡烛也小一点。但桌前挂的千张、元宝等数量则相同，不同处是在供月桌前还一定要挂一束带茎的毛豆。供月供的是"月神马"，节前南纸店中有出售，是约1米多高的长方形秫秸边框上，糊好木刻版印的月象，圆月中有立姿的玉兔捣药图像，两旁是对联，内容我已记不清了。桌上供品与"接神"时不同，没有三牲（公鸡、鲤鱼、猪头），中间摆一块大月饼——月宫饼，两旁是两个大盘，一盘是"自来红"，一盘是"自来白"，将这类小块的月饼层层上叠，摆成类似"蜜供"的空心的塔形，前面摆一排五个果盘，居中必须是苹果，其他就是梨、桃之类，在最上一个果上插有祭神用的红色绒花。我在上小学前，允许看摆供，然后就躲进屋去。等供月结束，女眷收拾供桌，将月神马、香烛、千张、元宝等一起放钱粮盆里焚烧，再把毛豆放在上面烧烤。最后供桌上只剩下那块大月饼——月宫饼（自来红、自来白要端出去分送街坊四邻），由祖母切开，招呼房内的男人出来，每人一小块，全家分吃，以示团圆。并分吃烤熟的毛豆，传说吃了八月十五供月的毛豆，来年就不会牙疼。

到1941年，日本侵略者发动太平洋战争以后，日占区经济情况日益恶化，市面不景气，中秋节时旧京城里的兔儿爷山子的数量一年比一年少，繁荣景象一去不返。到日本投降那年，东四北大街上的兔儿爷山子，只在隆福寺胡同口往北到万春堂一带有稀疏的几个摊位。日寇投降，光复以后，国民党统治下北平经济情况不见好转，人心惶惶，没人注意兔儿爷了。到1949年北平解放，一切宗教迷信乃至社会旧俗一扫而光，中秋时正值准备开国大典之际，没人再注意什么兔儿爷了，从此兔儿爷山子从北京城消失了。制作兔儿爷的手艺因之失传。

时过几十年，我已成老翁，又过中秋，不由得想起兔儿爷山子，作为对儿时旧京陈迹的回忆。

九九消寒图

"冬至"到了，开始进入数九寒天。旧京谚语：

一九、二九，不出手；

三九、四九，冰上走；

五九、六九，沿河看柳；

七九河开，八九雁来；

九九加一九，耕牛遍地走。

到了三九，天寒地冻，旧京居民的日子很不好过。当时城区住宅以平房为主，旧式平房的窗户很多是下部中央装有采光的玻璃窗，周围窗格仍糊高丽纸，上部通风部分则是糊高丽纸卷窗,通风时卷上去,通风后放下来。因此刮大风时,窗纸常有被刮破的时候,卷窗两侧也常会吹进冷风。特别是深夜刮大风时,冷风通过窗纸破洞时会发出凄厉的啸声,令人恐怖。平时风不大时,又会发出高低不同的声响。辛稼轩词有"破纸窗前自语"句,真是出神入化的描述。如遇大雪,屋顶积雪常多日不化,且屋檐又常垂下长长的冰溜,虽经晴日阳光照射,亦不易融化,只是在光照下更显晶莹剔透,有时还折射出七色光彩。冷风不断侵入室内,而取暖设施相对贫乏,绝无今日之"暖气",富裕些的人家供暖也只能靠烧煤的"洋炉子"。当年我娘带着姐姐和我住在家里后院的北房,五间房子只在堂屋当中装有一个炉子,我和姐姐睡在东耳房,到晚上中间堂屋炉子封火以后,室内冰凉,只有钻进被窝才能有些暖意。到次日起床准备洗脸时,头天预先备好水的脸盆里,有时都会冻有薄冰。

　　面对寒天,人们都企望早日"消寒"。所以在冬至来临前,将要数九时,家中长辈就要指导儿童制作"九九消寒图"。

制作"九九消寒图",要先取一大张白纸,留出准备写标题的篇头,将下面近正方形的部分用界尺分画成等分的"九宫格"。即是在纸上用两横两竖的井字墨线,将其界分为横三行、竖三列共九个面积相同的正方形。再用铅笔轻轻地把每个正方形界分为"九宫格",也就是九个小方格。接下来是更需要耐心的劳作,是用套毛笔的铜笔帽,将帽口从墨盒中均匀地蘸满墨,在每个小方格中印出一个圆圈。因为共有八十一个小方格,所以要印八十一个圆圈,而且在墨盒中蘸墨时,要特别均匀,才能使印出的圆圈边缘整齐而清晰。圆圈印好后,晾干墨迹,还有更精细的活做要,就是用毛笔在每一个圆圈中画横竖四条弧线,使其呈现类似古代方孔圆钱(旧京俗语称为"轱辘钱")的图形,也就是将圆形分成上、下、左、右四个两横两竖的梭形,中央是一个四边外弧的方形,共五个部分。将这八十一个小轱辘钱图形用墨绘就,笔画粗细一致,要耐心又细心,对儿童来说实在不容易。最后再找一个较大的瓶盖,在篇头上印出五个大圆圈,在圈中用毛笔恭楷分别写上"九九消寒图"。要经过两整天的努力，全图算是大功告成。相邻的小伙伴，都要把自己制的图去和别人比一比，看谁画得整齐又美观。然后将图用图钉（旧京俗称"按钉"）按在书桌旁的墙上。

完成"九九消寒图"的绘制，还只是第一步，接着是进一步考验儿童耐心精细和持久能力的工作——每天进行当日天气情况的填绘，这件事由"一九"第一天开始，一直要坚持到八十一天后的"九九"第九天。在每天晚上睡觉前，将当天的天气情况用墨笔填在图上，填写规律的口诀如下：

上点阴，

下点晴，

左风右雨，

雪当中。

就是按当天的阴、晴、风、雨、雪等不同，将其按口诀规定，把当日的"轱辘钱纹"中相应的部位用墨填满。看来似乎简单，头几天大家都在兴头上，每个儿童都能够天天晚上去填图，但是经过"一九""二九"以后，有些孩子就懈怠了。能够坚持到"五九"，留下的人数就更少了。这也需要大人不断鼓励，教育孩子干事要有恒心。因为我娘每天都会检查我们是否按规填图，反复告诫：一个人做一件事，有了开头就要做到底，要养成好习惯，因此虽偶有懈怠，但还能调整心态坚持下去。就是偶然有一天疏忽未填，第二天娘来检查时，也会督促我回忆昨日天气后，进行补填。

终于等到了河开、雁来，九九归一，严寒消去。消寒图的轱辘钱图形全部填满，最后数清这"九九"八十一天中，阴、晴、风、雨、雪各有的天数，将统计的数字依次在图的地脚处标明，"九九消寒图"大功告成。当时那种欣喜的心情，至今不忘。

追忆八十年前儿时制作、填画"九九消寒图"，体会到那确是对幼童一种很好的传统的寓教于乐的活动，一方面告诉幼童许多关于天时、节令的基本知识，让他们每天观察天气变化，增强认识；另一方面又培育了幼童做事要有持久精神，干一件事就要坚持到底，有始有终，这些对日后的生活和学习都大有用处。

长尾巴了

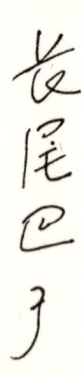

旧京满人上层家庭中,当幼童过生日的前一天,长辈们都会向他说:明天你长尾巴了!然后送给他一些生日小礼物,诸如衣帽、玩具、糖果或糕点。我们家也不例外,生日前一天去各房长辈请"晚安"时,他们都是笑着向我说:明天你该长尾巴了!并给些生日礼物。但是小孩过生日怎么会长尾巴?在我那幼小的心灵里一直画个大问号,忐忑不安。

尾巴,因儿化音等关系,老北京人将"尾"字读成"乙"音,"尾巴"读成"乙(尾)巴"。当不断听大人说生日要长尾巴,幼年的我极感困惑。因为人并没有尾巴,只有动物如家中畜养的猫、狗,还有画书上看到的狼、虎、牛、羊才长有尾巴,而且不同动物尾巴的形状各不相同，有粗有细，有长有短。怎么小孩过生日会长出尾巴？长了尾巴怎么办，塞在裤子里，还是垂在外面？！那多寒碜，又怎么见人。想来想去，觉得人长了尾巴总不是件好事。但是长辈们说时，都是笑嘻嘻的，一边说一边送礼物，形成欢乐的氛围。表明长尾巴似乎是好事。那时我一直弄不明白，碍于礼节，也不敢多问。请完晚安回屋睡觉，钻进被窝后，仍旧心情忐忑，不断用手摸臀部，生怕真会长出一条尾巴。夜里总睡不踏实，胡梦颠倒，一会儿梦到长了个长大的马尾巴，一会儿又梦到长的像小兔子的短尾巴……第二天醒来，赶忙先摸后臀，并没有真长出什么尾巴，才放心地起床。梳洗过后，去向长辈们请早安时，他们又都笑着对我说：今天你长尾巴了。这时我似乎明白了，小孩过生日并不会真长出一条尾巴来，那或许只是一种比喻。可是为什么把"过生日"与"长尾巴"联系在一起？还是一直弄不明白。

过了八十多年，到今天我还是没有弄清楚为什么说小孩"过生日"是"长尾巴"这一习俗的来源何在，至今仍是个不解之谜。

类似的从儿时到现在，八十多年来的不解之谜的词语还有很多，例如那时称看稀罕事物说是看"海力奔"（读音如此，实不知三个字应如何写），还有当年大人吓唬小孩的"妈虎子"等。

　　那时节如果街上有什么事吸引群众围观，孩子好奇想急忙跑过去看，大人往往会说：你慌什么，难道要去瞅"海力奔"吗？所以幼时只知道"海力奔"是指一种稀罕的事物，但到底是什么，却从来没人告诉。儿时沦陷于日寇铁蹄下的旧京，曾出版一本杂志叫《立言画刊》，有个文人写文说"海力奔"一词系源于洋人的一个大马戏团，中文译名叫"海京伯"。这个在当时世界闻名的马戏团，有着令人惋惜的悲惨结局，整个马戏团因所乘轮船失事，沉没于大洋之中。因为马戏团中稀罕的动物表演，它的名字就成为稀罕事物的代名词，又从"海京伯"讹成"海力奔"。"海京伯"马戏团是否来过中国，又是否曾在北京演出，我不清楚。但是将"海京伯"和旧京传统流传的"海力奔"一词联系在一起，看来毫无根据。这一词语或许源于老满洺或蒙语的读音，亦未可知。

至于"妈虎子"一词，在旧京更是广为流传。每遇幼儿晚间哭闹时，大人就会吓唬说：别哭了，再哭"妈虎子"来了！孩子害怕，顿时停止哭闹，安静下来。大人哄幼儿睡觉时，也会一面轻拍一面轻吟歌谣：风吹树叶唰啦啦，妈虎子来了我打它！幼儿很快安然入睡。但是这令人恐惧的"妈虎子"到底什么样子，看来大人也说不清楚。究其来源，也无法弄清。有人说在西南地区传说有一种"马虎"，形似马而身有虎斑纹，专食老虎——华南虎。甚至有的县志中还记有这样的传闻。但是从来没有人真正看到过这种可怕的动物。今日野生的华南虎已经灭绝，专以它为食的怪物马虎，更是无从寻觅。而且流传马虎传闻的地区，与满族发祥的东北山林相隔过远，两地传闻，似乎难有关联。记得也是在《立言画刊》，有个文人曾写文讨论"妈虎子"的来源，认为源于隋朝时曾经参与开掘运河工程的麻叔谋，传说他喜食小儿，将从民间掠来的小儿装在笼中，供其食用。因此民间将小儿藏匿，怕其啼哭，一说麻叔谋来了，儿童就吓得不再哭闹。后来把麻叔谋讹为"麻虎子"，用"麻虎子来了"吓唬儿童，以止其哭闹。但是这一传说从时空各方面都与明末辽东半岛满人生活的区域相距过远，实难有所联系，只可看作文人的文字游戏，无助于弄清"妈虎子"的源头。

时光流逝，制度变迁，旧京习俗多已如逝水东流，至今无存。在我儿时大人用以吓唬小儿的"妈虎子"，到我有子女时，当他们哭闹，就不再用"妈虎子"来吓唬了。至于我的孙辈幼时，就更听不到大人吟唱"风吹树叶唰啦啦，妈虎子来了我打它"来哄他们安睡。不知道有什么"妈虎子"，谁又会想弄清它到底是鬼魅还是怪兽，又再去探寻它的源头……

对老朽的我来说，弄清什么是"妈虎子"，实无必要，想起它来，只是勾起我对幼年时生活的美好回忆。

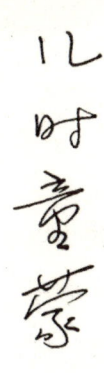

读"字号"

儿时童蒙,是我娘自己教我们,先从认字开始。认字是从读"字号"(旧京俗语,读时"字"重读,"号"轻读并加儿化音)开始。当时旧京俗称的"字号",就是供小孩学字用的约4厘米见方的硬纸方块,彩印,正面印有一个字,背面则是与该字有关的图画。例如"猫"字,背面的画就是一只猫;"月"字,背面的画就是一轮明月,等等。但是一些抽象的字,如"气",背面的画就常是莫名其妙了。一组字号外包装一个小纸盒。但是娘认为买来的现成的字号的字不够用,就自己再用硬纸裁成与字号同大的方块,用毛笔来写。我和姐姐在一起学认字,还互相竞争，看谁能认得多。

当认识了一定数量的字以后，还可以用"字号"排列来拼成句子。或是将"字号"打乱，从中选择具有相同偏旁的字，看谁挑的多、挑的快。还用"字号"初步教孩子对对子，如一人选"天"，另一人就要用"地"去对，再如"雨"对"风""大"对"小"等。用各种游戏来激发孩子学习的兴趣。

同时，家里的大人也都关注孩子认字的事，当每天上午去给长辈请"早安"时，也都要随身带着"字号"，在向祖父母、大伯母、姑姑他们请早安后，都会让把"字号"拿出来挑一些读给他们听，如有错误，会加以纠正。

没过多久，就累积认识了几百个单字，这样就开始进入童蒙的新阶段，娘开始教我们背古诗。

背诗——从《千家诗》到《三百首》

白日依山近，
黄河入海流。

欲穷千里目，

更上一层楼。

这是我有生以来最早学会的一首古诗。当年我娘教我和姐姐背古诗，是从五言诗开始，用的"课本"是一本线装的《五言千家诗》。据说是她幼年在家学中学习时用过的课本。封面上写有"黎青"二字，她说那是家学老师给她起的学名。

我娘教诗，一般是一天一首，也有时两首。教时不先讲作者及其朝代，只是教背诵诗文，也不严格按书上的次序。今天是"松下问童子……"，明天就是"床前明月光……"，又一天也许是"打起黄莺儿……"，我们只要背熟就是了。背熟后她会给我们讲解诗中的辞义，但很少谈及历史背景及作者情况。这也造成一些缺憾，直至今日有些诗我记得很熟，背来朗朗上口，但要用时，题名及作者，我得再去查核检索才成。

五言诗后再背《七言千家诗》，记得背诵的第一首七言诗是"白日登山望烽火……"。

七言诗后再学《唐诗三百首》，这次是先背书中最长的诗，就是白居易的《琵琶行》和《长恨歌》。但背这二诗时，娘也只是教读诗文，而略去二诗前的序。所以我能将全诗熟背，但不知诗前的长序。直到20世纪50年代就读北大历史系后，因读陈寅恪的书，去检索《白氏长庆集》，始读《长恨歌》前长序中引陈鸿撰《长恨歌传》及元和元年白乐天与陈鸿、王质夫游仙游寺写诗事，时与儿时背诵《长恨歌》相距已近二十年，那时想将序文背下来，但已无儿时能快速背诵长诗的能力，花了很大气力，还是没能背下来。但是儿时所背《长恨歌》却至今记忆清晰，仍能背诵全诗。背诵这首长诗，对我还有神奇的作用，那就是当我偶然夜中有失眠时，只要静下心来，从头默背《长恨歌》，一般背不到"秋雨梧桐叶落时"句，即可安然入睡，屡试不爽。

幼　学

背了一阶段古诗以后，娘开始让我背诵《幼学》。那也是一本线装书，娘也说是她儿时童蒙的读本，封面也有墨书"藜青"名字。《幼学》即《幼学琼林》,原为明人编著,后经清人邹圣脉增补而成,旧京晚清大家多选用为读"四书"前的童蒙课本。

《幼学》从讲天文开篇,遍及地理、自然、历史、人事、礼节诸方面,知识面很宽。开篇讲天文,是从"开天辟地"说起,记得是:

混沌初开,乾坤始奠。

气之清轻,上浮者为天。

气之重浊,下凝者为地。

娘开始教我背诵,但儿时怎么也弄不清"混沌"为何义,它到底是个什么物件,所以背来背去,总是背不下来,越着急越记不住这个"混沌"。保姆大李妈看我那着急的模样,趁着娘离开的时候,走过来叮嘱我说:"别着急,你只要想想门外卖馄饨的吆喝'馄饨开锅',就记住那个什么'混沌'了。"你甭说这一招还真灵,我一想"馄饨开锅",真把"混沌初开"给背下来了。

学过《幼学》,往下就该开读"四书"了,最先是要学《论语》,刚刚背会了《论语·学而》的"子曰:学而时习之，不亦说乎""有朋自远方来，不亦乐乎"，情况就发生了变化，祖母终于同意姐姐和我可以去正式的小学去读书了。于是我在家中由娘指导的童蒙学习就宣告结束，在六岁时进入北京私立育英小学，开始了新的学习生活。

儿时童谣

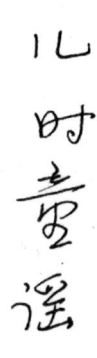

点牛眼

儿时旧京习俗家中卧具普通是炕，孩童幼年不会走路时或刚能走路时，大部分时光是在炕上度过的。牙牙学语后，大人就会教一些传统的童谣，先是短的一两句，以后教一些较长的，而且在说童谣时还加上一些动作，同时让孩子在炕上做些肢体运动。

由于是在炕上，一般的坐姿是盘腿坐。所以小孩先要学会稳当地盘腿挺身端坐在炕上。说童谣时的基本坐姿就是盘腿坐。开始学的短童谣，现在大概能忆起的有《豆虫飞》。

小孩盘腿坐炕上，将两臂向左右伸展，然后上下摆动，做小虫展翅状，一边念童谣：

豆虫飞，

豆虫飞！

豆虫拉屎一大堆！

说到"一大堆"时，笑着将两手前扑，上身也随之前俯到炕上。然后直起身来再念第二遍，来回反复，直到累时为止。

童谣比较长的，有《点牛眼》。孩子盘腿坐在炕上，但不像平常坐着两足交叉相叠，而是把两足平放，让两脚的脚心相顶对着，这样两脚脚踝下的骨窝自然就露出来了。然后用两手食指交互点两脚踝下的骨窝，左手点右脚，右手点左脚。一边点一边唱歌谣：

点，点，点牛眼。

牛眼花，卖甜瓜。

甜瓜苦，卖豆腐。

豆腐烂，摊鸡蛋。

鸡蛋，鸡蛋壳壳，里面住着格格。

格格出来点香，烧了鼻子眼睛。

唱到"烧了鼻子眼睛"时，把两手抬起捂住自己的眼睛，笑着仰躺到炕上。什么叫"牛眼"？是不是脚踝下的骨窝就叫"牛眼"？大人们谁也没说清楚过，所以至今我也还是一头雾水没弄清楚。不过这并不妨碍儿时高兴地唱《点牛眼》童谣尽情玩耍。这个游戏也可以两个孩子共同玩。两个孩子对面坐着，唱童谣时互相用手交互点对方的脚踝骨窝即可。

但是真正必须由两个人一起玩的，是《拉大锯》。一个孩子长跪（即挺直身子跪着）在炕上，另一个孩子面对着他盘腿坐在炕上，两个孩子都伸出双手，一人左手与对面人右手拉在一起，右手与对面人左手拉在一起，因为跪着的孩子体姿高于坐着的孩子，所以互拉的双手是斜向的，然后两人一个仰身拉，另一个俯身推，然后两人再转换姿式，成一个推一个拉，这样反复往返（这动作实际是模拟旧京木工用大锯解大树成木板时的劳动，当时木工是将大树整材斜立，两人用大锯解锯成板材，一人站在下面，一人登在高凳上，上下斜拉大锯，是一种极强的体力劳动）。嘴里再唱着歌谣：

拉大锯，扯大锯。

姥姥家，唱大戏。

接闺女，请女婿。

小外孙子也要去，

不让去，闹着去！

说到"闹着去"时两人同时松手，笑着仰躺到炕上。

这样孩子一边说童谣，一边进行简单的形体运动，活动筋骨，一举两得。特别是隆冬时节，不宜室外活动，孩子被局限在室内。在炕上唱着这些简单的童谣游戏，不知给孩童时代的我带来过多少欢笑和乐趣！

猜谜语

孩子稍大，除童谣外，启发益智的办法还有猜谜语。大人小孩一起坐在炕上，由大人出谜语，让孩子来猜。

给孩子出谜语，是先从容易的直观的入手，如谜面是：

黄房子，

红帐子，

里面住个白胖子。

谜底是"花生"。

还如：

吓噔、吓噔，

针扎没缝！

谜底是"水"。

"吓噔"（音）是旧京庙会上卖的一种玻璃玩具，形似葫芦，葫芦嘴接一细吹管，葫芦底制成较大的平底又极薄，所以由吹管吹气可以引起薄平底颤动，发出"吓噔、吓噔"的音响。因其底平而光亮，故以之比拟水面。

以后给孩子出较难一些的字谜，例如：

一点一横长，梯子顶房梁。

大口张着嘴，小口往里藏。

谜底是"高"的异体字"髙"。

又例如：

一点一横长，一撇到南洋。

十字对十字，日头对月亮。

谜底是繁写的"庙"字——"廟"。

以后逐渐引向更难些的四扇屏式的四句组成的谜语。有的是四句打一件事物,例如:

远观山有色,

近听水无声。

春去花还在,

人来鸟不惊。

谜底是"画"。

有的是四句分打四件事物,或四个字。例如:

三人同日去观花,

百友原来是一家,

禾火二人相对坐,

夕阳桥下一双瓜。

谜底是四个字:"春""夏""秋""冬"。

又例如:

虫入鳳中飞去鸟,

七人头上长青草,

大雨落在横山上,

半个朋友不见了。

谜底也是四个字:"风""花""雪""月"。后三句的字繁体、简体相同。但第一句须是指繁体的"風"字,从繁体的"鳳"字内飞去鸟,改入虫,成繁体的"風"字。鸟飞虫入,文字富有情趣。现在简写的凤和风,似需改为"乂入凤中飞去又",情趣尽失。

还有的四句字谜,打的是四样物品,例如:

四月将过五月中,

佳人买纸糊窗棂,

丈夫出外三年整,

一封书信半字空。

谜底是四味中药:"半夏""防风""当归""白芷"(白纸谐音)。

有时母亲还会讲一些与谜语有关的故事,例如说宋僧佛印有个关于鸡蛋的一个谜语:"有皮无骨又无毛,混沌乾坤一刻包。老僧带汝西天去,免在人间受一刀。"说那是因为他和苏东坡一起吃鸡蛋,苏小小见了,讥讽他僧人不应吃鸡蛋,于是佛印写了这四句来回应。讲这些古代故事,以引起孩子们的兴趣,也扩大其知识面。

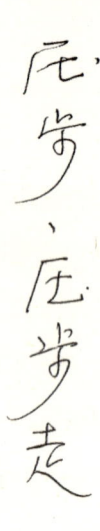

压步、压步走

"压步、压步走",是旧京人教幼儿初学步时吟唱的口号。"压"字读成"轧"音,而且读重音并拉长,"步"字轻读,"走"字拖尾,就读成:"压—步、压—步、走!"吟唱时颇有韵律感。常常是大人用"搭膊"缚在幼儿腰际,让幼儿在前面走,大人牵住搭膊,以防幼儿跌倒,然后口吟:压步、压步走。指挥幼儿慢慢平稳地向前走。所谓"压步",就是指走步时先迈出一只脚(不管是左脚还是右脚都一样)后,要将整个脚掌安稳着地,再迈另一只脚,同样要将脚掌安稳着地,这样安稳缓慢地向前行走。因为幼儿初学步时，经常是脚步不稳，越不稳越想快迈步，极容易跌倒，而且常是向前扑倒，因而伤到颜面。所以大人就要教孩子走稳，"压步、压步走"，就是一种很好的方法。

所谓"压步"，老人说这种走法是由宫中传出来的，是太监们行走的步法。又说"压步"，也可以叫"鸭步"。就像家禽中的鸭子或鹅，它们行进时那带蹼的脚掌总要平稳地落地，然后才能再跨出新的一步。加上鸭体一般宽肥，行走时颇显蹒跚，所以古代诗文戏曲小说中，常用"鹅行鸭步"来形容走路过慢导致蹒跚。在辞书中，如《辞源》解释唐诗和《水浒传》中的"鹅行鸭步"释义为"形容步履蹒跚"。不过老北京人所说"压步"，似无蹒跚之意，只指缓速稳步而已。

书房

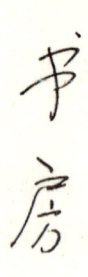

旧京的书房，一般仍保留着清末的遗风。

记得儿时的旧京，除故宫内保存的皇家书房外，在当时尚未败落的晚清旧家宅院内多存有书房。那时这些旧家有一个习俗，就是当刚上学的小男孩去宅中做客，主家为了鼓励孩子好好念书，都要带他到宅中的书房看一看，认为那里是嘱咐小孩应该好好念书的最佳场所。因此在诸亲戚家，除了外祖父那桐家外，还看过庆王府、达王府、郑王府等家的书房。这些书房中的陈设方式都差不多，当门都是长大的条案，书案则在书房内一端，有的在另一端再设有画案。沿墙是书架和叠起的前开门的书匣（箱），门上刻有填绿的书斋名。还常设有可供暂息的卧榻。由于已是民国时期，有的书房中也增加有洋式的玻璃门书橱。当时的规矩，在书房中不能放置与读书无关之物，诸如棋局、酒具、佛具之类。佛具自有佛堂，下棋自有下棋的场所，一般围棋和象棋的棋局和棋子放在过厅或花园内的花厅之中，那些地方是下棋之处。也不设茶具，如长时间在书房中确需饮茶，则是从外送来，饮毕撤走。这些缘于前清时，官员的书房除读书外，如需在家办公，也在书房。清时书房情况，在一些文艺作品中也有反映，如小说《红楼梦》中对贾政书房的描述，可见一斑。我自己家败落很早，最初在租住的宅院里，祖父居住的前院中，也还在南房设有书房。南房原是五间，东边两间以墙隔出，另在朝街门的门道处开门，用作"门房"。西边三间是书房，房门开在靠东一间，入门当面顺后墙放置一张条案，案上正中放有紫檀座石插屏，屏的一侧是一个大瓷梅瓶，另一侧是瓷帽盒。条案两端都放有许多卷轴的拓本和书画。在室内最西侧一间沿窗纵置紫檀书案，案面上陈设笔架、砚台，还有西式的墨水盂和蘸水钢笔，案面放置绿绒底的大玻璃板。顺南墙是书架和书匣，记得书匣的门是平素的，上面并没有刻斋名。也置有洋式书橱，里面多是当年曾祖父驻美、俄时携回的大画册之类洋书。民国时遗留的晚清官员等上层人士的书房，是沿袭自清代的规制。京中清代书房规制，应又是沿袭此前明朝时旧制。再向上追溯到元以前，则难有准确的遗迹可寻。不过从古代遗留的文献和图像等资料，再结合田野考古发现的遗迹和遗物，我们还是可以粗略地探寻到中国古代书房和有关文具发展演变的轨迹。

中国古代书房和文具演变的原因，在于不同历史时期物质文化的进展，以及社会生活习俗与礼制的制约。"人猿相揖别"，人类社会步入史前的"蒙昧时代"，文字虽尚未发明，但远古先民已经懂得描绘装饰图像，例如绘制彩陶图像，这就需要描绘的工具。陕西姜寨仰韶文化墓地发掘的M84号墓中出土的一套绘画工具，包括石砚板、研磨棒和陶水杯，应是目前所知绘写用具最原始的雏形。中国古代社会步入"青铜时代"的门槛以后，文字发明了，随之书写工具日趋完备，笔、墨、砚和用于书写的载体——帛和竹、木简，以及修治简牍并改正错字的铜削（后改称"书刀"），形成完备的文具组合。但出于当时的习俗和礼制，并不设专门的"书房"。主要建筑物的"堂"，具有多种功能，因当时人们社会生活习俗是席地起居，所有日用家具是随用随撤，不作固定陈设。铺双席对坐，是招待客人谈话。将双席延大距离，席前各置食案，则为待客宴饮。要书写时，就在所坐床、席前陈设供放置文具的案，文具平时收储于盒、笥之中，用时取来使用。在田野考古中出土时间最早的"文具盒"，是从长沙楚墓长左15号墓中出土的竹笥，内储有装在竹筒中的毛笔和竹筹、天平和砝码等物，应用于专储书写用具和计量器。这种适于席地起居而文具随用随撤的习俗，一直沿用于汉晋时期。有些文吏为便于随时使用，将笔簪于发旁，竟而演变成官员的一种服制。但随着汉代发明了纸，并且在三国西晋以降逐渐取代简帛，成为中国古代书写最主要的载体，供书写的案就成为必备的家具。因为往简牍上书写时，通常是左手执简，右手执笔作书，诸简书好后再编连成"册"，故此文吏办公坐席或坐榻前并不必要放案，河北望都东汉墓壁画所绘"主簿"和"主记史"的坐榻前并不备书案，所用圆砚就放在榻旁地面之上。但是用纸书写,则难于手执,只能铺于案上,所以书案这种专用家具就不可或缺了,它以后就成为古人书房陈设的主要家具——书案。东晋十六国时期到南北朝,随着技术层面的建筑结构的进步,政治层面的民族大融合,文化层面的中外文化交流,促使中国古代社会生活发生巨大变化,席地起居习俗因高足家具的出现和普及,从受到冲击到被垂足高坐的新习俗所取代。新式的高足的桌椅等家具,与此前先秦至汉魏流行的供席地起居的家具的特征不同,一方面,其体量增大,不再具有轻便易于陈撤的特点;另一方面,家具按使用功能而分工精细,家居和办公、书写与餐饮……使用的家具在形制和功能上都有区别。于是在人们生活的宅院中,随意陈撤家具因而集各种功能于一身的万能的"堂"消失了,出现了固定陈设不同功能家具的不同场所,诸如办公室、会客厅、餐厅、卧室等。专供读书的书房出现了,其中配置的家具也就具有自身的特征。同时,自唐代科举制度盛行,白衣士子通过读书、考试而入仕,得以身服朱紫为官。"文选烂,秀才半",苦读阶段的场所,是自家的"书房"。入仕为官，入值后返回家准备次日用的文书等的场所，又是"书房"。所以书房和其中的文具和家具，自是封建社会上层人士不可或缺的。宋代书房无遗迹可寻，元明以降，现而今明确可知的只有承袭自古代书房传统的清末标本。清代书房的功能，除读书、办公，还是家中长辈教育训导子弟的场所。旧京大家的纨绔子弟，出外提笼架鸟、斗鸡走狗、泡茶馆入饭庄，听大戏看"杂耍"（今称"曲艺"）……但是回至宅内，被长辈唤至书房，则如"避猫鼠"一般，恭聆训斥，以故书房绝非供人闲情嬉戏之所，无情趣可言。小说《红楼梦》就真实地描绘了清朝上层大家族的家庭情景，可算是当时社会生活的镜中之像或水中倒影，既真实又虚幻。书中主要人物贾宝玉，一听到他父亲贾政唤他去书房，立时如闻惊雷，畏缩恐惧，正因书房是其父严厉教导训斥儿子之处所。书中所述，除咏《姽婳词》一次以外，确实他每次被传唤至书房，轻则被训斥，重则被毒打。亦反映清朝时书房绝无情趣可言。就是在最高统治者的官廷之中，"书房"亦是办公处所，清帝情趣所在，观赏书画，把玩钟鼎彝器，皆另有专所。

随着历史长河不断流逝，古人的书房遗构已随波逝去，仅只一些遗物如家具和文具有幸存留人间，今日已被人们划入"文物"范畴。在对传世文物的习惯分类中，古人书房中所用家具，列入"古代家具"门类中，文具则另为一类。《中国大百科全书·文物　博物馆卷》中，设有"中国古代文具"专项，下设条目有"中国古笔""中国古墨""中国古砚"和"中国古纸"。对于列为文物的中国古代文具，国家文物鉴定委员会也有对其进行文物定级的参考标准，编著有《文物藏品定级标准图例·文房用具卷》可资参考。但书中所举一级文物中绝大多数出自故宫博物院藏品，亦即宫廷专供皇室享用的工艺精品。在封建社会等级森严的社会中，这些专供皇室的精品，是广大民众所无缘享用的。因此如果我们要研究当时社会的物质文化史，仅依据这些精品是远远不够全面的。但是观赏文物精品，会增强人们对古代文具工艺水平的认识，更能激发一些人企图收藏古物精品的情趣。

上马饽饽 下马面

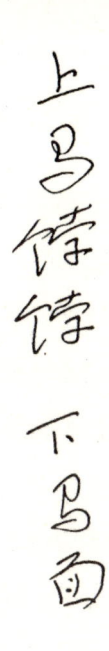

晚清民国时旧京习俗，家中有人欲离京赴外地公干或出访时，临别前家人送行的最后一顿饭要吃"饽饽"，归来后家人迎接的第一顿饭要吃面。今人对吃面比较好理解，主要是打卤面或炸酱面。今人对吃"饽饽"，则较难理解。其实"饽饽"乃是"煮饽饽"，系今日习称的水饺，又称饺子。

为什么旧京将"饺子"称为"煮饽饽"？看来是源于满族的习俗。因为在京中普通汉族居民也并不将饺子叫作煮饽饽。记得在我上小学时，曾经因此遭到班中同学的嘲弄。那是因为父亲第二天要离京去河北唐山开滦煤矿工作，临行前一天晚上母亲准备按"上马饽饽"送行。当天有两个同学来我家一起复习功课，母亲就留他们一起吃饭，二人都因无法取得家长同意，只能谢绝邀请。他们随口问我家做什么饭，我习惯地告诉他们吃煮饽饽。他们弄不清煮饽饽是什么食品。我就带他们去厨房看，他们一看就笑着走了。第二天上课前，大家一起开玩笑，那两个同学就嘲弄我们家不认识"饺子"，叫什么"煮饽饽"。多数同学都笑我连饺子都不认识。我一再辩护说从小家里就这样叫，这是老北京习俗，他们不信。幸好班里有姓金、姓寿、姓毓的几位满族同学，一起站出来帮我辩护，说老北京人就应该把饺子叫煮饽饽，不然就不是老北京人。他们还问那些同学，是不是上三辈都住在北京，不然不能算老北京人。一说查三代，有些同学就退缩了。我才摆脱了被嘲弄的境地。这也使我明白，煮饽饽的称谓，大约只流行于北京满族及原清朝京官之间。但是为什么管"饺子"叫"煮饽饽"，词语的来源还是不清楚。回家问老人，也只告诉说祖辈传下来就这样叫。

从那以后，我也注意除在家里，到其他地方尽量避免使用"煮饽饽"这一名称，跟着一般人称之为饺子或水饺。但是从小的习惯叫法，一不注意仍会说出来。所以在北京大学读书时，又因此被班里的同学嘲弄了一番。

我们在北大历史系读书时，正赶上人民政府最关心高等教育的时期，上学不用交学费，住宿自然也不要钱，而且不用个人承担伙食费，国家按每人每月十二块五角水平的伙食标准（相当于当时机关食堂每人每月的伙食标准），所以吃得很好，因是同样供应，全校所有同学每顿饭菜吃的都一样，不会有好坏的区别，同学们开玩笑说这已经过上"共产主义"人人平等的生活。那时南北校区并不是连在一起，中央夹有一条市民行走的东西街道。为了不用出门将两部分校区连在一起，不知哪位聪明人想出将两侧墙内用土垫成斜坡，各高达墙端，然后建造了一座南北向的木拱桥跨过街道，将两校区连通。桥的位置约在地学楼与教室楼之间,大家称之为"天桥"。那时我们班住的宿舍在 21 楼,上课主要在文史楼,因此每天至少要往返天桥两三次。天桥以南西侧就是"大饭厅",那是一座类似大型工厂的厂房样的棚式建筑,其中可以容纳当时全校学生同时就餐。厅中分若干排木方桌,按系与班级分区,一桌十人,没有坐椅,都是站立就餐。在开饭前厨房工作人员已预先将每张桌上放好两大盆菜,以及十个瓷碗。在中间各通道上放一列装着米饭和馒头或其他面食的大竹筐。桌上的碗是放菜用的,这一桌十人中谁先到谁负责将两盆菜分放碗中,然后取一份用餐。后来的人依次各取自己的一份。主食每人吃多少不限量,可以放开肚子随便吃(那时还没实行各人口粮定量,口粮定量的粮票制是 1958 年以后实行的制度,那时我已离开学校了)。当时学校还发给每个同学一个形制独特的大搪瓷碗(还是来自捷克的舶来品)作为饭碗,那是与菜碗不同,必须自己保管而随时携带的,所以当时学校中每个学生上课时除了携带讲义和笔记本外,还一人提一个放大饭碗的口袋,有人甚至干脆就手捧着饭碗、上衣口袋插钢笔的口袋插着筷子去上课，成为当时一道特殊的"风景"。不知是谁想出来的，在每顿饭打开饭铃后，就在大喇叭里播放一首交响乐队演奏的著名进行曲，过一两个月还会换另一首，结果弄得我们听音乐时，一听到那些进行曲，就觉得肚子饿了想吃饭。人们说这可能是生物系学生想出来的，以证实当时流行的"巴甫洛夫学说"。不过这也确实能配合大饭厅中呈现的另一种景象。因为当时准备的主食以米饭为主，只有少量馒头，所以那些北方同学都尽可能提前到饭厅门前，等铃响一开门，就冲进去抢拿馒头，这时正好播放进行曲，为他们抢馒头进行伴奏，这又是校园中的一道"风景"。这座大饭厅，除吃饭外，还是当时开全校大会的会场。开会前把饭桌堆到两旁，学生自己带着宿舍中的小方凳去开会。它又是每个周末晚间举办学生舞会，以及偶然举办的文艺演出的场所。现在一切都改变了，隔开校园的通道已合入校内，两侧的墙早已拆除，上天桥的斜坡道变为平地，自然天桥也完成了它的使命，消逝无踪。"万能的"大饭厅也被漂亮的礼堂所取代。一切都变了。想再见我们当年读书的情景，只能在睡梦之中!

　　说了半天早已消逝的大饭厅,还是要回到当年大饭厅中,有时餐饭会变一变花样,改为吃面条、包子、水饺,还有新疆味的"抓饭"。有一次赶上吃水饺,又赶上我那天去的早,吃完水饺回宿舍的路上,碰到才往大饭厅走的朝鲜族同学白瑢基,他问我饭厅吃什么,我未加思索随口告诉他:"吃煮饽饽。"他睁大眼睛感到莫名其妙,我当时并不在意,就回宿舍去了。当他吃过饭回来,就问大家:"杨泓怎么不认识水饺,说是什么煮饽饽,这是不是你们汉族的习惯?"这一问弄得大家哄堂大笑,调侃我不认识饺子。好在都是学历史的,我极力解释管饺子叫煮饽饽,是过去老北京上层社会的习惯叫法,我小时候讲惯了,所以随口就告诉白瑢基了。但是没想到这又引来更多的调侃,甚至联系到家庭出身,可是那年头正是最重视"家庭出身"的时期。从本来是同学间开玩笑,却让别有用心的人引向政治问题,弄得我只得选择沉默,由他们随意去说,心里十分不愉快。

　　随着时代变迁,家庭中习惯用语也不断随时代改变,当母亲去世后,现在我们家中孩子也不再用"煮饽饽"的名称,随着社会上大多数人用语,只叫饺子。他们的孩子自然更不知"煮饽饽"一词。这个古老的词语,已经被人们彻底遗忘了。

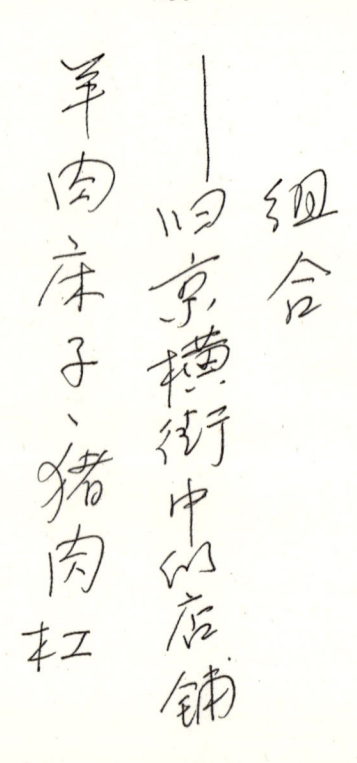

> 组合——旧京横街中的店铺
> 羊肉床子、猪肉杠

旧京卖羊肉的店铺民间称为"羊肉床子"。因为当时开羊肉店的都是"回回"（回族，当时称回民为回回），信奉回教（现称伊斯兰教）。在门口上方悬挂用阿拉伯文书写的花体字匾额。售卖的是清真的羊肉和牛肉。汉民因不信回教，所以不可以进入其店内。但是羊肉店的顾客又主要是汉民，故此店铺售肉处朝街的一面是敞开的，只在前面陈设一张与房间开间同样大的木案，上陈切肉的案板，售货的伙计站在案内，来购肉的汉民站在案外街上购买。买肉的顾客常会提着买菜的篮子或提包，回民也视其为"不洁"，不准许放在案板上。可是开店要做买卖，"顾客就是上帝"，人家来买肉，还是要让顾客方便放东西，不然人家不来买，店铺只能"关张大吉"。因此羊肉铺就在每天开门售肉时，搬出一张大木床子，横放在肉案前街上，买肉的汉民可以随意坐在床子上，也可以将手里的东西放在床子上，以方便买肉。这个大木床子，实际就是由一个木板床面，下装四足，整体不髹油漆，保持白碴状态。到晚间店铺休息上板时，店内的伙计提着大水桶，把被顾客不洁物污染了的床子冲刷干净，再收入店内。将售货明间插上门板，关门休息。那张大床子，也是羊肉店开门迎客的招牌。故此老北京民间习称羊肉铺为"羊肉床子"。

与卖牛、羊肉的"羊肉床子"相对应，是卖猪肉的"猪肉杠"。人们买猪肉时，可以随意进入店铺内，店内立有悬肉的"杠",就是由两根立柱托承的一条大横木杠,杠上设有许多悬肉的铁钩,售卖的猪肉悬挂在铁钩上。顾客选购时,指明悬肉的部位,掌柜的就会用刀割下顾客挑选的部位,然后上秤称量。顾客付款后,就由店内徒弟用马连把肉系好,交到顾客手中,提回家去。这样提着肉回家,一路上遇到街里街坊,谁都能看到买了多少肉,以及所购肉的质量好坏。有时老街坊相遇,还会互相开玩笑。一位老太太会指着对方买的肉调侃:"呦!您就买这么点肉,还不够塞牙缝,是要喂猫吧?"对方会笑着回答:"俺家缺猫食了,买了添铺点。"然后相视一笑。但如果是两家之间有过节儿,前一位那样调侃,后一位就会骂起来,形成街头对骂,直到俩人肚子里憋的闷气都发泄够了,才会有街坊过来劝解,双方借坡就下,分开各自回家。这也是旧京胡同中常见的情景。

说到人们日常买肉的猪肉杠和羊肉床子,就会联想到当时京中一般横街中常见的店铺组合。在老北京的城市布局中,除了大街和胡同外,还有一些介于大街与胡同之间的横街,它们的宽度也介于二者之间,将大街和胡同联络成规律的网格。这些横街，多是与大街平行穿插于胡同之间，以旧城东半城为例，在皇城以东的大街是纵贯南北穿过东四牌楼的大街，两旁分布着东西向的胡同，在东四大街以东贯穿胡同间的横街是南、北小街，东四大街以西贯穿胡同间的是南、北剪子巷。以南剪子巷为例，它的南口接于什锦花园胡同，北口到达铁狮子胡同。两侧接连许多胡同，它的南半部分，东侧接魏家胡同、汪家胡同等胡同的西口，西侧接羊尾巴胡同（后改叫西扬威胡同）、山老胡同等胡同东口。在这一段横街的两侧，分布着一些小店铺，一般店铺门脸的面阔小的两间、大的三间，也有只有一间门脸的小店。前面讲的猪肉杠和羊肉床子，都是面阔两间。比较大些的是酱园子（油盐店）、粮店和杂货铺，多是三间门脸，前者卖酱油、醋、酱、食盐和食油，还有各种咸菜。粮店则在大木柜中盛放各种米面等粮食，当年一般家庭中都缺乏存储大量粮食的条件，多是随吃随买，持着布口袋去买当天或四五天的粮食。特别是较穷苦家庭制作窝头的"杂和面"（以玉米面为主，加入适量的黄豆面，使它比纯玉米面口感更好，为老北京人所喜好），都是当天磨当天卖，以保持新鲜的口感，因此大伙都是当天现买现吃。杂货铺也就是小型的百货商店，售卖各种日用百货，布匹、针线、肥皂香皂、木梳发卡、洗漱用品、雨具等，日用品几乎应有尽有，甚至还有糖果点心等吃食。它们与粮店等分布在横街东侧，相对的西侧，就分布着猪肉杠、羊肉床子、切面铺、早点铺等与吃食有关的店铺。早点铺和切面铺的位置夹在两个肉铺之间，早点铺只在早间营业，备有北京人习惯吃的各种早点，如马蹄、烧饼、螺丝转、驴蹄以及油炸鬼、炸油饼、炸麻花等，到近中午时，所有早点多已售光，就上板关门。切面铺则主要供应午饭和晚饭的食品，它是到上午十点钟以后才开门，主要供应各种馒头和宽窄不等的切面。距离上述店铺往北有相当大距离的横街旁，有一处煤厂，在大院子里堆积着块煤和煤末，以及劈柴，煤末是用来摇煤球的，那空敞的大院子就是制作煤球的场所。因为当年旧京居民每户都是生煤球炉子烧水做饭，所以煤球和劈柴是必不可少的。煤厂和上面讲述的店铺聚集在一起，就基本上解决了一般居民日常生活所需，形成了一个完整的组合。古人说：开门七件事，柴、米、油、盐、酱、醋、茶，在这店铺组合中基本都供应全了，只缺"茶"，那是要去大街才能买到。胡同里的一般住家中，外出购置当日用品的多是中老年家庭妇女，她们出门走出胡同不远，就可以在横街的店铺组合中买到需要的物品，十分方便。甚至在做饭时发现酱油使光了，就可以让孩子赶快跑去打酱油（那年头不像今日，买酱油、醋等都是整瓶从超市购回，都是提着瓶子去油盐店零打，食用油、黄酱、芝麻酱也是用瓶零购），再跑回来还误不了炒菜。不仅考虑活人日用物品的供应，夹杂在众商铺之中，还有一个一间门脸的冥衣铺。

说到"茶"，这也是老北京人离不开的饮品，那得多走几步到大街上去买了。在当年东四牌楼北边的大街上，从牌楼根往北到钱粮胡同之间，东西两侧分布着许多大型商铺，一般都是五间门脸，主要有药铺（主要是万春堂，还有同仁堂和北庆仁堂，今日东四北大街上的同仁堂，就是占了原来万春堂的位置，还大致保留着原来万春堂门脸的原貌）、茶叶庄、饽饽铺（糕点店）、百货店、南纸店、南货铺，以及新式的面包坊，北京人习惯叫它"洋点心铺"。而最大的绸缎庄位于四牌楼南边,叫东升祥(今日的三友商店就占了东升祥的原址)。在东四牌楼北边路东,还有一处规模颇大的邮政局。这就解决了更高一级的消费要求。

或许要问,谈到剪子巷中商铺组合中,还缺乏家庭生活饮食中的一项重要内容,那就是每顿饭都少不了的蔬菜。但是早年北京街巷中真没有专门售卖蔬菜的店铺,原因是当年卖新鲜蔬菜的都是串胡同流动的小贩,他们推着独轮的菜车子,各种蔬菜放在独轮两旁的筐内,车面上安放一张大方案板,将时鲜蔬菜陈列在案板上,用高音吆喝着当天所卖的各种菜名,以招徕顾客。名相声演员侯宝林演出的相声中,有以清末皇家丧事民间停止娱乐,导致演员们改行为题材,其中就有推车卖菜的情节,他仿效当年菜贩的吆喝声,极真实生动,令人听而难忘。至于时新瓜果,也是小贩推车或挑担走街串巷叫卖。

冬至馄饨 夏至面

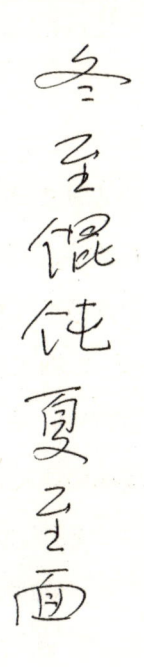

每到一个重要的节令,老北京人都会依照传统有相应的吃食,并都留有顺口溜的口诀,例如对"冬至"和"夏至",吃食的口诀是:"冬至馄饨,夏至面。"也就是冬至节气到来那天中午,必须要吃馄饨;而在夏至节气到来那天中午,要吃面,"面"指北京传统的打卤面。在我的记忆里,从幼年记事时起,一直到北平解放前,每逢冬至,家中必然要吃馄饨,街坊四邻亦家家如此。北京传统的馄饨馅是猪肉末加少许大葱,肉末是买来肥瘦适当的整块猪肉,在家里自己剁碎成肉馅。在家里剁肉馅,也有些讲究,用于包包子的肉馅,要留的块大一些,甚至只切成大肉丁,这样的大肉丁做馅包的包子又叫"肉丁馒头"。用于包饺子的肉馅,则要剁得细碎些。用于包馄饨的肉馅,更要剁得细碎如肉泥,然后要往馅里打水,使其质地更松软可口。煮馄饨的汤,富裕人家用鸡鸭或猪骨(大棒骨)熬的"高汤",汤要熬较长时间,这样熬汤的方法,旧京俗称"吊汤"。生活较困难的人家,就用白开水来煮。馄饨煮好后,调味用酱油、醋和胡椒面,还要放入香菜末、冬菜末、虾米皮和紫菜。冬至天寒,所以吃带热汤的馄饨,实寓有"驱寒"之意。人们吃下一碗热气腾腾的馄饨,驱散寒气,全身温暖,心情舒畅。这一民俗在老北京传承久远,不知为何近年被某些"民俗学家"改"馄饨"为"饺子",并在新媒体中向比他们更年轻的人传播。那些人都是1949年以后才降生的人,确实难以亲身验知20世纪40年代前期以前旧京居民家庭的日常生活习俗,倒也难怪!

其实在老北京习俗中,确是有一个与时令有关的日子必须要吃"饺子",那不是冬至,而是暑热来临"三伏"天的"头伏"。也有自古流传的顺口溜,那就是:"头伏饺子,二伏面,三伏烙饼摊鸡蛋。"饺子老北平旧家习惯称为"煮饽饽",关于"煮饽饽"的称谓,我在另一篇回忆中已谈过,这里不再赘述(详见本书"上马饽饽 下马面")。老北平人吃饺子,对饺子馅也有些讲究,荤馅最通常是猪肉白菜馅,或者是羊肉白菜馅。只是在有些时令菜上市时会选一些气味浓重的菜,如韭菜或茴香,那也是喜欢那种气味的人才会选用。所用肉料,以猪肉为主,有人也喜用羊肉,但一般家庭中从未见用牛肉做馅的,这也与旧京家庭习俗,因提倡"勿杀耕牛",故多不食牛肉有关。更没有见到今天饺子馆中那些五花八门的馅。素馅的饺子,只在大年初一食用,因为当年习俗那天全家全天素食,素馅制作十分麻烦,以胡萝卜擦成细丝,再将熏豆腐干、冬笋、黄花、黑木耳、口蘑、香菜、油炸鬼和煮熟的粉条,全都切碎掺和在一起,然后用香油(传统的芝麻小磨香油)拌馅。饺子除煮制外,也流行用笼屉蒸制的"蒸饺"。头伏时吃的饺子，常是蒸饺。或许是因为时值暑热，煮饺时人一定要全程守在滚热的大锅旁操作，高温难耐，挥汗不止。而蒸饺，锅开将饺子上屉后，人不必在热锅旁看守，记时后即可离开，避开炉火热浪，等蒸熟后按时再来厨屋揭屉取饺即可。老北京人制作蒸饺，与煮饺不同之处，首先是和面，煮饺是凉水和面，而蒸饺是热水和面，所以北京人又叫它"烫面饺"。其次是包法有些差异，北京旧家习俗，煮饽饽上的皱褶要尽量少，特别是上了岁数的老人，认为饺子上的褶多了吃了"窝心"，令人不舒服，所以包饺子时必须尽量减少皱褶。就是包包子，也要让褶尽量稀疏，所以北京俗话形容一个人有本事而不外露张扬是："包子有馅不在褶上！"因此，当年家里包的饺子都要减少皱褶。所以包好的饺子放在案板上，都是仰姿，俗称"仰八饺子"（北京俗话形容一个人摔跤仰面朝天倒在地上，是摔了个"仰八饺子"）。但是蒸饺就不同了，因为要装入蒸笼屉内，必须要呈立姿才成。且是烫面，本身就较饺子面硬，包时的手法更与水饺不同，是将圆形的饺子皮，放入馅后，先向上对折，在中央处捏住，然后从两侧斜向中央各捏一大褶，从后侧看形成一个"八"字形大褶，然后还要将其整体从中折捏一下，于是包好的饺子就自然呈立姿。这样装入屉内，直立整齐而有间隔，适于蒸汽通畅。使用的馅料也不相同，一般不选用白菜馅，因为剁得细碎的白菜馅在蒸锅高温蒸，极易烂透成泥，口感不佳。所以蒸饺选用的标准馅料是西葫芦（瓠子），选用羊肉，口感极佳。

马蹄 驴蹄 油炸鬼

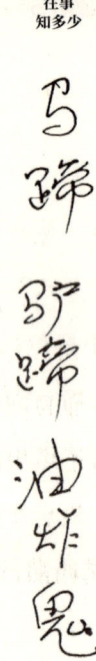

当前北京"传统"早点，现在的人一说起来都认为是烧饼和油条。很遗憾，在我幼年时（20世纪30年代末至40年代初），旧京城内的早点铺中根本寻不到"油条"这种玩意儿的踪影，那年头早点铺中大量出售的是"油炸鬼"，今天也有人管它叫"焦圈"。老北京人念字常带有儿化音，所以"炸"字念轻音加上儿化音，在这里读音成"质"音。说时"油"字轻读，接"炸"（音质）字亦轻读微拉长音,"鬼"字重读,所以读音就成:"油—炸(音质)——鬼"。其他炸货,有时还有形体较大的炸油饼,油饼的形状一直保留到今天。把油饼做得体薄而炸脆,则称"薄脆",在饼面涂糖,则称"糖饼"。有时还会有炸麻花,麻花有加芝麻的,但并不是每个早点铺都卖油饼等物,大量常备的是油炸鬼,外形是双重半环相套接,个头小而酥脆。

一个烧饼配一个油炸鬼,北京俗语说是一套"烧饼果子"。那时的烧饼,也不像今天一些店铺自吹是老北京传统烧饼那么大个儿。那年头的烧饼个头不太大,一般标准是孩子的小嘴从四面咬四口就可以吃掉。所以当年有个哄孩子的顺口溜:"一口咬个月牙儿,两口咬个银锭,三口咬个扁(或说是'偏')铲,四口咬个没影儿。"因此将烧饼掰开,用手把内瓤掏出,恰好把一个油炸鬼塞进去,然后将烧饼按一下,里边的油炸鬼被按碎,发出咯吱咯吱的清脆响声,于是拿起来开吃。这就是当年北京人早点"烧饼果子"的通常吃法。

生活较为富裕的人,典型的传统早点,就把烧饼换成了"马蹄",吃马蹄夹油炸鬼。因为马蹄的售价比烧饼贵,而且马蹄夹油炸鬼确实比烧饼果子好吃。马蹄与烧饼相比,首先是用料有别,前者要用精白粉,即今日的富强粉,后者用普通面粉,即今日的标准粉。其次是制法有别,马蹄只能用"吊炉"烤制,虽然制工考究的烧饼也有用吊炉的,但一般的烧饼都只是用铛烤制即可。成本小的早点铺,无力专门构筑吊炉,只具备简单的火炉,支起铛就可做烧饼。从外形看,马蹄与烧饼大不一样。马蹄的个头比烧饼几乎大一倍,但其体重则与烧饼相近甚至还轻一点。因为烧饼体内有厚厚的混有芝麻酱的瓤,而马蹄只有一层极薄的不杂混其他调料的白面瓤。二者的外观也不一样,烧饼表面涂刷一层糖色,然后粘满厚厚一层芝麻。马蹄则保持精白粉的洁白,略有焦脆感,上面仅星星点点地粘有一些芝麻。两者烤制工艺的差异,也导致其产量也不同,烧饼烙一铛数量多、费时短,而吊炉受炉腔体积的局限,且需制作者用手伸入炉腔在火焰上方操作,要具备熟练的技巧,所以一炉的数量有限。从原料看,精白粉也比普通面粉价钱高。凡此种种，马蹄的售价也比烧饼高近一倍。因此，当年一般人吃早点还是选烧饼夹油炸鬼，而生活较富裕些的人，则选更精致好吃的马蹄夹油炸鬼。

在较大的早点铺中一般售卖的面点，除以马蹄和烧饼为大宗外，还有吊炉烤制的"驴蹄"，以及用铛烤制的螺丝转、牛舌饼火烧和糖火烧。今天后三种食品还有售卖，但"驴蹄"已经看不到了，它虽与马蹄一样也用动物蹄命名，但外貌完全不同，不是扁体，而呈圆凸的覆钵状，而且顶部还与开花馒头一样呈裂嘴的花瓣状。内瓤松软，但表皮焦脆。这几种早点，除牛舌饼火烧也可以内夹油炸鬼一起食用外，其余几种均无法夹入油炸鬼，只是各具风味，顾客按自己口味选购，自然它们也都可与各类炸品搭配共食。当年早点铺只卖货，一律不管包装。胡同里的居民去购早点，都是自带容器，通常是手端一个竹编的精致的小笸箩，再带一块洁白的苦布，因为油炸鬼和马蹄都怕压，放在笸箩里，回到家都可以保存完好。上盖苦布，一为防尘，那年头胡同里都是土路，一过车尘土飞扬；二为保温，因为当时人们都会等着买刚出锅的油炸鬼，赶回家趁热吃，才松脆可口。

　　当年的早点铺通常是半夜就需开始制作，清晨赶早（早的五点来钟，一般在六点左右）就开门迎客。到九点钟左右，货品卖光，就"上板"停止营业。那时候附近的"切面铺"恰好开始营业，其售卖的除各色切面外，主要是蒸制的面食，诸如馒头、花卷、豆包、蒸饼等，也有烙饼。这些都是为顾客中午饭准备的商品。过午以后，切面铺的货品售罄，上板休息。近傍晚时附近的小馄饨铺又开始营业，供应品以馄饨和烧饼为主，同时还供应熟猪头肉，售卖烧饼夹肉。这是为人们晚餐乃至吃夜宵，会营业到午夜时分。这种小商铺的组合，多存在于当时北平城内的横街、小街，乃至较大的胡同内，方便胡同中居民的日常生活需求。同时胡同内居民也可以不去早点铺，就在自己家门口就买到早点，因为当年还有许多串胡同售卖早点的小贩，在前面讲"兔儿爷"时曾提到一则兔儿爷成精，变成小孩去买面茶的传闻，已经提到串胡同的面茶挑子，那正是早晨串胡同小贩售卖的早点中的一种，其他还有卖豆腐脑的、卖豆汁的、卖炸豆腐的、卖馄饨的……这些挑子也都带有烧饼果子卖。如果不满足只吃上述一般性的早点，而要吃一些具有特色的早点，那人们就必得要多跑路而且要有时间，因为那些具有特色的大早点铺，如卖烧卖、炒肝、卤煮火烧等特色食品，都是开在闹市（特别是在前门以外的外城）或十字街口附近，离内城一般街区胡同挺老远的，并不是普通市民每天能够经常光顾的场所。

时过境迁，待到 20 世纪 40 年代末，国民党统治北平时期，经济凋零，市面不景气，串胡同的小贩日渐减少，粮价飞涨，早点铺的供应大不如前。还从南方传来比油炸鬼制工简便得多的"油条"，为了省时省工钱，早点铺掌柜多让徒工改炸油条，这种软踏踏的油条逐渐取代了费工费时的酥脆的油炸鬼。至于马蹄和驴蹄退出早点的行列，又要迟几年，那已是北京获得解放以后。记得我家附近的早点铺停止制作马蹄，开始于一场店内徒弟对店掌柜的批判会。当徒弟加入了街道新建立的工会后，为争取权利，召集附近胡同的老街坊开会，控诉店掌柜对他们的虐待和剥削，他们向大家展示了被炉火烫伤瘢痕累累的双手，都是因在吊炉操作无任何保护而造成的。因此，为了工人的健康，以后就禁止了用手在吊炉内火焰上直接操作，因为当年也想不出什么可行的保护措施，于是早点铺就不再制作马蹄了，只生产用铛制作的烧饼等各类早点，供应胡同的居民。又过了两年，全行业公私合营以后，营业网点调整，我家附近的早点铺被调整并合到往北距离很远的另一店铺，同样不再制作马蹄和油炸鬼，只见烧饼和油条。三年自然困难期间，那家早点铺也撤消了。困难时期过去，逐渐恢复一些传统小吃，在东城地区把原分散在各胡同的传统小吃，集中到隆福寺街新开张的隆福寺小吃店。在那个店里能找到油炸鬼——焦圈的身影，但它只与"豆汁"配在一起出售。至于马蹄，则不见踪影。很遗憾，我这个纯粹的北京人，却不能喝豆汁，按规定不买豆汁，不准单买焦圈。当年的售货员严格遵守规定。我只能望油炸鬼兴叹了。

　　将马蹄掰开，把油炸鬼夹入其中，轻轻一按，那清脆的咯吱声，至今难忘。

老北京人吃带鱼？——忆旧京猪市大街鱼店

老北京人吃不吃带鱼？

似乎这不是什么问题。在今日的北京电视台播出的饮食节目里，一些年纪达不到八十岁的"名厨"，向年青的观众讲述带鱼的烹饪方法，还说这是传统老北京人的菜品。言之凿凿，似乎是板上钉钉的答案。原因也很有道理，因为那些人生下来北京就已解放了，他们并没有在老北京，或者说是旧北京生活过，所以他们认为的许多"老北京"的菜品，常只是"文化大革命"前的新北京的事。解放以后到"文化大革命"前，北京人确实是逐渐习惯吃带鱼了，因此他们想当然地认为从晚清到民国时北京人也流行吃带鱼，遗憾的是历史事实并非如此，答案是否定的。

在我童年时期，旧京人们平时很少吃鱼，并不是所有街上都有专卖鱼的店铺，东城的鱼店仅集中在猪市大街（今日的东四西大街）的东口北侧，大约有三四家，一般是三间门面，在门前摆放两行畜养鲜鱼的椭圆形大木盆，盆内的活鱼主要是鲤鱼和鲫鱼，按时令还有时是鳝鱼。售卖的海鱼，因非活鱼，则陈列在店铺内案板上。当时北京人喜好吃的海鱼按时令只有黄花鱼，还有比目鱼，北京人称为"塔莫鱼"（音），以及对虾。因为儿时上学天天总要经过那里，所以常需穿行于养鱼盆之间，虽不买鱼，但是天天看那些鱼盆，记忆还是十分深刻的。那些鱼铺，从未曾见过售带鱼。在那年头，除了天天下馆子的有钱人，平常人家很少会买鱼。记得我幼年时，家里只是在大年三十，饭桌上才会有盘鱼，是鲤鱼，因为过年迎合吉语"年年有余"，"余""鱼"谐音，以取吉利。旧京饮食传统，一般人不会做鱼，那盘鱼又腥又不好吃，最后只有剩下喂猫。儿时过年给我印象最深的"鱼"，是那条供神的活鲤鱼。当年供神（不论是除夕夜"接神"、初二祭财神……）在供桌上都要摆"三牲"，即猪头、鲤鱼和公鸡，除猪头外，鱼和鸡都必须供活物。在一个大供盘上用红丝绳系成米字形，行礼时将活鱼拦在米字丝绳内，行礼后立即把它取出再放回鱼缸内，这条供神的鱼就整年养在缸中，只有不同时日祭神摆供桌时，放到供盘中充当祭品，祭毕再放回鱼缸。如果它命长，可以活好几年。

在我的记忆中，最早在商店中大量推销带鱼，已是北平解放以后的事，可能是1950年？这又使我回忆起一件趣事。当年阎述祖师（阎文儒）已从东北返京在北京大学任教，他就近在山老胡同买了房子。山老胡同与我家当时租住的西扬威胡同是前后胡同，新中国成立后动员一些家庭妇女走出家门做街道工作，那时阎师母与我母亲都参加了，经常一起去进行卫生宣传等活动。当时由供销合作总社在各街道设立了公营的副食商店，向居民平价销售日用杂货，深受居民欢迎。有一次据说是为了支援山东地区沿海渔业合作社，运来北京一批新鲜的带鱼，分由各副食店出售。那在今天看来真是品质极好的带鱼，宽度都在3—4厘米，但是在副食店摆放了好几天，没有人买，因为老北京人不懂得吃这种长相奇怪的鱼，好不容易有一位顾客，也只买一斤。副食店领导没有办法，只好向上反映，请求街道工作者帮忙。街道领导布置工作，将各位积极分子分成两个人一组，穿门入户去宣传，推广出售带鱼。我母亲和阎师母分在一组，星期日一清早，两位老太太就相约在一起前往副食店领受任务，直到中午我母亲才回家，还提回一提带鱼。

据两位老太太后来多次回忆那天的情况，大致如下：两人到副食店时，其余的街道积极分子也都到了，副食店的负责人先向大家表示感谢，然后就分配任务。店里已预先将带鱼称好两斤一捆，每斤三毛五分钱，一捆七毛钱。每人的任务，是各去推销两捆，中午前回来结账。

于是各人一手提一捆带鱼,去胡同内进户推销。我母亲和阎师母两人共提着四捆带鱼,先选择胡同中一处居民较多的大院去推销,老街坊都很熟悉,见她们来了,都聚集到院子里问长问短,一听是为供销社副食店来推销带鱼,都纷纷摇头,没有任何人愿意购买。有人说从没吃过,不知道该怎样吃。更多的人认为价钱太贵,因为当年一个普通工人的月工资仅有三四十元,并且家中多只是男人工作,女人都是缺乏文化和技艺的家庭妇女,孩子又多。通常一家两口,都有三四个孩子,男人又都有抽烟喝酒的劣习,家中一月的生活开销顶多在三十元左右,除去煤柴水电费用,一天的菜金也就四五毛钱。花七毛钱买带鱼,又不懂得如何烹饪,真没人会去花这笔钱买带鱼。说来说去,也没有能推销出一捆带鱼。出到胡同中,母亲遇到一个熟人,互相寒暄后,就问两位老太太为何买了这么多带鱼,说明原由是为供销社推销后,那个熟人笑了,说她就是那个买了一斤带鱼的人,因为她女婿是福建人,懂得做带鱼,认为鱼的质量真不错,本来还要去买点,这就照顾你们吧!说着就从母亲手中接过一捆带鱼,并付了钱。接着母亲再与阎师母去进户推销,仍无什么结果。一户的孩子瞧着带鱼模样新奇,闹着让妈妈买,而妈妈因为如果买一份带鱼要占两天菜金,十分为难,孩子小不懂事,哭着闹着非要买。两个老太太看此情景挺伤心,阎师母心很软,感觉她们母子很可怜,一面安慰妈妈,一面哄哭闹的孩子,就把手提的带鱼送给他们一捆,没有收钱。出了这里进入另一个大院,又演出了同样的一幕,阎师母又把手里提的另一捆带鱼也送给穷人家了。天已近正午,两个老太太结束了推销工作,阎师母因出门没带钱,先去回家取钱,母亲把剩下的一捆带鱼提回家,自己留下。然后两位又会合在一起去供销社副食店交差。其他街道积极分子也纷纷回到副食店,基本上都没能完成任务,有的组仅卖出一两捆,还有的组一捆也没卖出去,街道领导作总结,表扬了阎师母和母亲,因为她们一组把四捆带鱼都"销售"出去了。

此后多年,当我去阎述祖师家时,师母常要回忆起这段往事,述祖师总会总结一句:"她跟我一样傻!"师母就会向我说："你老师比我还傻。"然后就会回忆当年在西安时，述祖师骑车去买肉，买了肉挂在车把上，又去买别的东西，然后骑车回到家时，车把上的肉早已不见了。说完后两人大笑。这两件往事，我不知听他们回忆了多少次，每次都会开心大笑。

回过头来，再说母亲留在家里的两斤带鱼，祖父母嫌腥，又怕费油，不同意用来做下饭菜。母亲只得让我们按副食店工作人员说的剪开鱼腹，去掉内脏，刮去鳞，洗净晾干。然后再想办法。后来听同学说他们家把带鱼烤着吃，就想出利用平时在炉火上烤馒头片的铁丝夹子，将带鱼段夹起来放在火上烤，利用带鱼自身的油脂，慢慢烤熟烘干，当零食吃。

时过境迁，北京市商实行了全行业公私合营，"敲锣打鼓进入社会主义"以后，各种商店纷纷改组合并，猪市大街的鱼店早已消失无踪，连那大街当年的街名也鲜有人知。后来在四牌楼东边建立了新式的大型菜市场——东四菜市场，场内有规模很大的鲜鱼摆位，更随着社会经济的繁荣，各种海鱼、河鱼等水产充足，北京人的传统饮食习俗也随着社会的变迁而变化。解放初期要动员街道积极分子入户推销带鱼的往事,更是早已为人们所遗忘。北平解放已过八十年,八十年前的事今日还有多少人真正经历过?所以年轻人认为"老北京"人吃带鱼是理所当然的事,自不为怪。

送子张仙

送子张仙，不知是哪路神仙，但我在儿时，却十分熟悉他的名号。

幼童时的旧京，在日本侵略军占领下，由一些汉奸出面管理，医院很少，似乎没有专门的儿童医院。孩子生病，大病要请中医大夫到家里来诊治，开方后再去中药铺抓药，回家后熬煎服用。一般头疼脑热的小病，大人就去药铺买一点成药。所谓小病，不外是伤风感冒，或吃多了存食消化不好，记得最常吃的小成药是"至宝锭"和"抱龙丸"，如系因贪吃而存食，则是买些"焦三仙"煎服。那时人们迷信，认为未成年的幼童"眼净"，能够看到成年人看不到的邪祟鬼物，被它们吓着。当孩子身体微有不适，情绪不佳，精神发蔫，就认为孩子是被什么吓着了。这时大人一方面会给吃点"抱龙丸"等小药，饮食方面忌荤腥，以素食为主，常是白粥咸菜。然后去佛堂给送子张仙烧炷香，求他保平安。

记得在我家佛堂里，这位送子张仙的像不是供在那些摆设在供桌后条案的诸多佛龛内，而是装在大玻璃相框内，挂在一进门处的东墙上。平时他老人家前面没有供桌，只是孩子吓着了需求他保佑时，临时在像前放一个高足香几，摆个小香炉，插上一炷香。

送子张仙的画像是有情景的立像，张仙身穿青衫，面目清秀，三缕长髯，手执弹弓，射向画面右方飞来的鬼怪。他身后蔽护着两个小孩，一个穿红衫，另一个穿蓝衫，看着他用弹弓射鬼怪，拍手叫好。

在给送子张仙上香时，还要在香几上放一碗清水。待上香后，由大人把水碗端到室外，将水泼在地上，于是被吓着的小孩就治好了。据说被什么东西吓着了，那泼在地上的水的轮廓就呈现出那个东西的形貌。所以每次上香后泼水，我们都争着去看地上那摊水的轮廓像什么，但是很遗憾，每次都仅仅是一汪水，显现的轮廓什么都不像。也就是说吓小孩的东西总是个谜，也许只有送子张仙他知道。不管如何，拜了张仙，吃了小药，避荤节食，三管齐下，孩子的小恙自然消失，有了食欲，不再发蔫，一切走回正常的生活轨道。

年岁大了，家道败落，已无佛堂。等到"改变日月唤新天"，新中国成立以后，北京市的医疗条件也"换了新天"，人们的思想中不再想去求助于非自然的神力去解决病痛，"送子张仙"早已被人们遗忘。前几年在刊物上看到一篇关于山东传统木刻年画的文章，从其附图中猛然见到一个自幼熟悉的身影——送子张仙，同样的袍服，同样庇护着孩童，用弹弓射向飞来的鬼魅。这才了解这位张仙，并不仅是在旧京一地民间流传的神仙，或许曾广泛流行于北方民间广大地区，在苦难的旧社会，是当时儿童的保护神。

扫晴娘

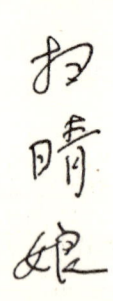

云彩往东，刮大风

云彩往北，发大水。

云彩往南，冲大船。

云彩往西，王母娘娘穿蓑衣。

这首旧京民谚说的是雨天看云的走向，看来看去，除了云往东以外，都要下雨。尤其往西雨更大，连天上神仙奶奶王母娘娘都要穿上遮雨的蓑衣，可想天上地下一起下，那雨该有多大?!

一连两三天，淅沥沥的雨声不断。家里的大人都坐不住了，盼雨快停。因为旧京胡同里都是瓦顶砖墙的平房，老房子年久失修，屋瓦易生缝隙，年久生草，不及时拔除再用灰泥抹补缝隙，一遇连阴雨天，极易漏雨。如是暴雨，反而无大问题，因雨水顺瓦垄一冲而下，来不及往下渗漏。好在北京的天气，干旱少雨。遇到阴雨天，一般也常是半天顶多一天即晴，屋顶无积水，多无渗漏之虑。但是天有不测风云，偶遇天气连阴，雨势不大，但是延续不停。于是屋顶瓦垄中开始积水，就慢慢从缝隙向下渗漏。雨还下个不停，就从渗漏到向内滴水，由湿及木构梁架，再滴落到纸糊的顶棚。看到纸棚被渗湿，还不算要紧，如果听到滴水声，大人就紧张了，必须用竹竿将滴水处捅一个洞，让水滴下来，再在下方放上脸盆接水。否则水在纸棚上流积，会使渗湿的面积越来越大，严重了会导致纸棚脱落，得重糊纸棚，问题就闹大了。雨还不停，不同屋内都有漏雨处，都要捅洞，再用盆盆罐罐接水。那光景真是让人烦得没法生活。

但是老天还在下雨，这时老祖母就想起让雨停天晴的古老"法术"，她会戴起老花镜，拿起剪子，取一张白纸，剪一个"扫晴娘"。剪出的是一位妇人的侧面剪影，大眼睛，高鼻梁，小噘嘴。头发在脑后挽一个垂髻。短衫衣裤，一双大脚，双手持一个大帚把。然后在头顶拴上一条白线。搬来梯子，将扫晴娘悬挂在檐下椽头上。

微风一吹，那扫晴娘的白色身影随之晃动，似在用手中的帚把清扫天上的雨云。雨云扫净，云散雨停，自然现出晴朗的蓝天。于是扫晴娘不停地扫，不论是白天还是黑夜，抬头望去，檐头下的扫晴娘，都在不停地挥帚，不畏艰辛，扫呀，扫呀……

也许是怕只用一种古老"法术"力量不足，老人家还要辅助上另一种古老"法术"。再取一张白纸，先上下对折，然后再左右横向像"折子"一样折成四折，再用剪子剪出光头、短衣、短裤、赤足，左右两手平伸的人像。剪毕左右打开，就是四个光头的互相手拉手的小人。再将上下打开，又是四个牵手的小人，但呈倒立状，他们的头顶在下排小人的头上。老人再取来笔墨，用她那娟丽的小楷，在上排倒立的小人身上自左而右写上"八个和尚头顶头"，在下排小人身上写"晴天大日头"。把这八个和尚头顶头剪纸贴到房屋檐下侧墙壁面上。

不知是扫晴娘艰辛劳动，还是八个和尚卖力头顶头起了作用，反正下了三天雨，天终于放晴了。抬头望去，檐头下的扫晴娘还在不停地扫，或许为了巩固她的劳动成果。天晴了，人们再也不会关心檐下的扫晴娘，但是她还是在那里尽职地扫、不停地扫。

终于有一天，线断纸朽，已被人遗忘的扫晴娘走了。出门抬头张望，再不见扫晴娘的身影，只剩下她辛勤扫出的一望无垠的晴空。她来时无言，去时无语，默默地离去。

老祖母早已在20世纪仙逝，她老人家剪出的扫晴娘也成历史陈迹。我们也早已搬离旧京传统的瓦顶平房，住上了"洋楼"，又不在顶层，早已解除了在连阴天怕漏雨的烦忧。如今扫晴娘再降临我家，也将无事可干，她只有"转业"，由"扫晴"转为"扫霾"，一定大受今日北京人的欢迎。

今日欢呼扫霾娘，只缘雾霾又重来。

"夜猫子"和"燕模虎"

夜猫子进宅,
无事不来!

燕模虎,穿花鞋。
你是奶奶,我是爷!

旧京习称猫头鹰为"夜猫子",又习称蝙蝠为"燕模虎"（"模"读成"莫"音，加儿化音）。二者都是昼伏夜出的动物，且均以捕食虫鼠为食，均对人有益。但从旧京流传的上述两则俗谚，表现出对这两种动物的态度截然不同。

"夜猫子进宅，无事不来！"这句旧京俗谚，道出夜猫子是凶物，当它出现在家宅中，就预示着凶事来临，大了会出丧事，小了也会有灾祸，如生病、摔伤……甚至老太太斗牌输了钱，也会怪罪于夜猫子。为什么把夜猫子定为凶兽？孩童时问遍家中的大人，没人给出令人信服的答案，只告诉你："那是老辈传下来的！"直到今天，也没有找到确切的答案。只知道远古时人们对夜猫子——猫头鹰（鸮）这类动物，并非视为凶兽。史前时期的红山文化玉雕中，有精美的玉鸮。直到商代晚期，在河南安阳殷墟妇好墓出土的青铜礼器中，有一对造型精美的鸮尊，体内还铸有"妇好"铭文。同墓出土的小型玉雕中，也有不同姿态的玉鸮。雄辩地表明当时人们没有将鸮视为"凶兽"。似乎到先秦时期，人们已认为鸮为恶鸟。无论如何，在清朝时北京人确认夜猫子视为不祥的象征物，见到它就一定要驱逐。也就成为长久流传于旧京的民俗。

幼年时很早就知道"夜猫子进宅——无事不来"的俗谚，也有时夜晚听到一种奇怪的尖厉的鸟叫声，大人说是夜猫子在飞鸣，只要它不落停在家里，就不会有事。因为听到夜猫子叫声都是黑天，所以都没有见过它什么模样。直到有一天，晨起后看到庭院内大树最高的树梢上，似乎蹲着一只黄褐色毛的小猫，但看不到它的尾巴。平时在树上有许多飞来飞去的小麻雀，那天一只也没有出现。家里养的猫有时也会爬上树干，但绝不会登上最高树梢的尖端，感觉很奇怪，所以就呼叫大人来看。大人们一看，立时慌乱起来，赶忙找来长竹竿，敲击树枝驱赶，只见那"小猫"突然伸出翅膀，一下子飞往邻居家。就听邻院的人们惊呼，也在驱逐那只会飞的黄色"小猫"。连忙问大人怎么还有会飞的小猫，大人告诉我那不是会飞的猫，就是不祥的夜猫子，还告诉我这就是"夜猫子进宅"，所以那一天做什么事都要特别小心，以免出现灾病。

人们厌恶猫头鹰，甚至连它的长相也认为是其貌不扬，所以旧京流行一则歇后语："武大郎玩夜猫子——什么人玩什么鸟。"

与对猫头鹰的态度形成强烈对比，旧京的人们对燕模虎（蝙蝠）的态度则十分亲切："燕模虎，穿花鞋，你是奶奶，我是爷。"这首俗谚，甚至将它拟人化、女性化，还与家人相联系，十分亲切。燕模虎为什么会穿花鞋呢？这一问题又是当年我幼小的头脑中闹不明白的问题。问家里大人，总是说真有这种事，晚间燕模虎飞来时，抛向空中一只绣花鞋，它确实会往鞋里钻。为了满足孩子们的好奇心，大大（大伯母）真找出一双多年不穿的绣花鞋，准备晚间乘凉时验证一下。晚饭后，我们早早地去到大大住的院子，围坐乘凉。当年旧京的卫生条件很糟糕，到处蚊蝇滋生，夏日坐在院内乘凉，每个人都必须拿着一把大蒲扇，不停驱赶围绕身边的蚊群。好不容易盼到沿房檐下出现几个翻飞的黑影，真是燕模虎——蝙蝠来了。蝙蝠一出现，它们高低翻飞不断吞食蚊虫，集团飞舞的蚊群马上被驱散。蝙蝠的飞行与一般鸟不太一样，多是先冲向高空，然后滑翔下来，有时甚至贴地飞行，驱散蚊群，人们可以停止挥扇驱蚊，顿时感到清凉许多。这时大大赶快取出绣花鞋，抛向空中，那几只蝙蝠真飞拢过来，绕着抛在空中的绣鞋飞转，直到鞋子落回地面。实验几次，皆是如此结果，并没有哪一只真钻入鞋中。实验结果表明蝙蝠并不会真钻入绣花鞋，只是不明抛向空中的是什么物体，飞绕着观察一下而已。

人们对蝙蝠产生好感的主要原因，还在于它名字中的"蝠"字与"福"字同音，认为它的形象就是"福"的象征。所以当年各种物品的装饰图像中，经常可以见到蝙蝠的影子。特别是人们生日时做寿的场景中，绝对少不了"五蝠捧寿"的图像。居中是一个圆形寿字图案，四周围绕着五只展翅飞翔的蝙蝠。妇女在喜庆场合，头上插饰的红色绒花中，也常见红色的小蝙蝠图形。过农历年时，以及过端午节时，家中都要张挂"判儿爷"（即钟馗）像的习俗，以驱除邪祟。通常绘出的是钟馗持剑起舞，旁边飞舞着一只蝙蝠，因为驱邪和祈福是同一回事。

旧京中人们喜爱蝙蝠图像，我们从小习以为常，自是沿袭着中国的传统习俗。但是从幼年见到的洋人的图画绘本中，也看见不同国家中人们对蝙蝠的看法各不相同，只不过因为所用文字不同，绝没有将其与"福"相联系的。在描述古希腊诸神的图画中，猫头鹰是智慧的象征，他们把各种鸟与不同的神祇相联系，猫头鹰就是智慧女神雅典娜的鸟。可是一种美国人的绘本中，渲染的是极为令人恐怖的故事，讲的是吸血的蝙蝠杀死全城的人，从而毁灭了一个城市。那本16开本的绘本封面，占画面近三分之二的上部，绘出一只伸展双翼的大黑蝙蝠，眼睛和嘴巴放出红光。画面下部是惊慌逃跑的男女老少人群。因为在看这个洋绘本前大人就先告诉我们那本书中讲的只是洋人编的吓人的故事，不是真事，所以翻看过后没感觉什么。但是邻居的小朋友来玩，他一看到那本绘本封面满目凶光的大黑蝙蝠和在它面前奔逃的人群，竟然被吓得哭起来。可见不同文化的国家给孩子看的艺术形象区别多么大！我至今也还是喜欢中国传统文化中流行的"五蝠捧寿"图像，翻飞的红蝙蝠（福）围捧着中央的大红寿字，表现得多么喜庆祥和。

　　说到旧京曾流行的与蝙蝠有关的图像，还不应忽略

"和合二仙"。这两位仙人的形象都是满脸含笑、头梳一双抓髻的男童,每人手中捧一个朱红色的圆盒。似乎记得老人说,他俩人的名字叫寒山和拾得。在他们两人的身旁,同样各飞舞有一只红色的蝙蝠。象征着人际关系和和美美,福气多多。

"唧鸟儿"和"毛猴"

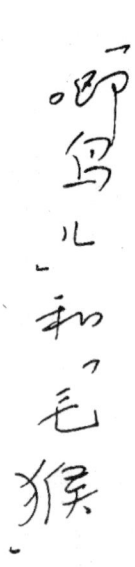

蝉，也称"知了"，北京俗话叫"唧鸟儿"。夏天伏在垂柳的柳枝上，天气越热，它的鸣叫声越响，声声入耳，好像是在向人喊"伏天、伏天"，整天喊个不停，似乎提醒人们现在已经进入一年中最热的"三伏天"。蝉的一生要经过多次蜕变，卵孵化后，先是由蛹变成有头有腿的幼虫，然后蜕去外壳，长出薄薄的"膜翅"，蜕变成会飞会鸣叫的成虫。它的鸣叫又不是如鸟儿一样是从口腔发出的，而是由靠近腹基的振动膜发音。所以幼年时感到它是一种特别神奇的小生物。每年春雨过后，可以和邻居的小伙伴到树根附近寻找，能够找到一些细小的圆孔，顺着小孔向下挖，常常能够挖到蝉蛹，北京俗叫"唧鸟鬼儿"。它的个头似乎相当小孩的大拇指大小，胖鼓鼓的。邻居孩子拿回家去，大人用油炸焦了，据说很好吃，但是我从来没有吃过。现在想起来，那一定是一种含有丰富蛋白质的食物。当蝉蛹长成幼虫后，不久就从地下爬出来，爬到树干上，伏在那里蜕变，成虫从幼虫背部脱壳而出，将完整的空壳留在原处，北京俗称这种空壳为"蝉蜕"，也称为"蝉衣"。清晨常常能在树干上找到完整的"蝉蜕"，但是我却从来没有能见到蝉破壳蜕变时的情景。孩童时好奇，总希望能看到蝉如何蜕变，但无论如何早起，都只是在树干上看到蝉蜕的空壳。后来听到有大人说，蝉蜕变时要在朝露出现以前，否则正蜕壳时被早晨的露水打湿膜翅，它就不会飞了。不管他们说的有没有道理，当时只能相信，只是朝露出现的时间实在太早，那时天还没亮，孩子无法那样早起，所以只能打消想观察蝉破壳蜕变的好奇心。

蝉的鸣叫整日不停，有时吵得人心烦。但想驱赶它又很不容易，因为它一般是伏在高高的树枝上，特别是垂柳的枝上，用竹竿驱赶，它会"嘎"的一声靠膜翅滑翔到另一树枝上，然后继续高声鸣叫，聒噪更甚。于是有人专门制造"粘唧鸟儿"的工具，是用几根竹竿接连的长竿子，在竿头裹一块布，用"小线"捆牢。然后用一种熬制的胶，点在竿头布顶端。粘唧鸟儿时，是将长竿子轻轻伸到蝉的后背膜翅处，那里是蝉头上"复眼"的盲区，然后猛然把竿头的胶点在它的膜翅上，蝉的膜翅一被粘住，就无法飞去，从而被捉下来。说来简单，但粘唧鸟儿这活很难掌握。首先眼力要好，才能准确观察到高枝上的蝉，还要能看清需要粘连的部位；其次手劲要大，才能持稳长竿，迅速地找准目标，不让蝉察觉地伸到它背后；最后手要有准，才能一下子粘住蝉的膜翅，否则惊动了蝉，它就逃走了。因此能干这活儿的都是身强力壮的大"小伙子"，在工休的日子，一方面帮邻里街坊去除烦恼，另一方面也作为一种游戏。有时两三个人结伙去粘唧鸟儿，还要比一比谁粘得多。胡同里的小孩，都会成群跟着他们，一起欢乐。

　　住在城墙根和城外关厢的小孩们，还常常结伴到沿护城河两岸的柳树上去收集蝉蜕，因为它入中药，药铺会收购，可以换钱填补家用。蝉蜕除了药用价值外，它还是旧京的一种传统手工艺品的原料——可以用它来制作"毛猴"。

　　我童年时初次被"毛猴"艺术所吸引，是六岁那年爷爷、太太（祖母）和姑姑们带我和姐姐逛东安市场。先去市场北门西侧的东兴百货公司，选购货物后，公司掌柜招待老人喝茶。中午带我们去"吉士林"餐馆吃"洋饭"（旧京俗称"西餐"为"洋饭"。关于吃洋饭，另有回忆，此处从略）。吉士林斜对面有一间卖手工艺品的小商铺，饭后二姑就带我们去那里闲逛。那间商铺不大，只有两小间，沿后墙摆着一排陈列柜，一半陈列着北京面人，以京剧人物为主；另一半陈列着北京"毛猴"。色彩艳丽的戏曲面人并没能让我产生兴趣，但是那些毛猴一下子就吸引住我的目光。小毛猴的身躯仅约一寸左右，毛茸茸的躯体，做出各种姿态，灵活生动。并且模拟着不同行当人物的特征,有持着长杆旱烟袋对坐谈心的老头儿;有小脸上架着老花镜的账房先生,身前的小账桌上还摆着小算盘;有肩扛步枪,排成一列齐步前进的士兵;有挑着挑担和扛抬货物的搬运工;有拉着小洋车的"毛猴祥子",车上还坐着跷着二郎腿的乘客……形态各异,极为生动有趣。它们都放在一个一个精巧的小玻璃盒中,旁边立着标出价格的小牌子,价格很贵。二姑见我看得入迷,就告诉我,这些毛猴卖得太贵了,先回家去,你舅爷爷会粘毛猴,等他来时可以请他教你自己做。于是我只有恋恋不舍地离开了那间店铺。

  回家以后,灵动的小毛猴一直在我脑海中荡漾,一心盼着舅爷爷早日来我家。舅爷爷姓吴,是太太(祖母)的弟弟,性格和善,心灵手巧,很喜欢小孩,所以知道他一定会答应教我做毛猴。终于有一天,舅爷爷来了,等他和长辈说完正事后,经太太允许,我就磨着他教我粘毛猴,他很痛快地答应了。然后就带我上街去买粘毛猴的原料,出了马大人胡同东口过马路往南走,过了四条口就到了一处药铺——北庆仁堂(北庆仁堂坐落在路东,再往南走临近四牌楼还有一处更大些的药铺是万春堂。现在东四北大街上早已经没有这两处药铺,只是万春堂旧址今日仍是个中药店,只是被同仁堂"占据"了)。我很奇怪,买毛猴原料干什么要去药铺。舅爷爷告诉说:毛猴的原料本是两种中药材,它的头和四肢选自"蝉蜕",毛茸茸的毛猴身子是一种花骨朵,叫"辛夷"。原本制作时,粘连也用一种中药白芨浓汁,现在咱们用普通胶水就很方便了。到药店后,先买了一些儿童常备的中成药,有"至宝锭""抱龙丸"和消食的"焦三仙",最后称了两小包辛夷和蝉蜕。药铺伙计笑着对舅爷爷说:"您这是要哄孩子做玩意儿吧,所以给您包的是碎蝉蜕。"舅爷爷也笑说是,碎的好用。伙计还问要不要包点白芨,舅爷爷说不用了。然后我们就回家了,一路上我才想起在东安市场看到毛猴时,总觉得它那小脑瓜十分眼熟,只是想不起在什么地方见过,现在知晓那就是蝉蜕上保留的蝉的幼虫的小脑壳皮。

　　回家以后,舅爷爷在书桌上铺了张大白纸,将买来的碎蝉蜕倒在上面,然后用镊子先把其中的小脑壳挑了出来,有八九个之多。再把碎蝉蜕里的腿挑出来,较细的前腿将粘成毛猴的上肢，较粗的后腿将粘成毛猴的下肢，数了一下，也各够凑成八九个毛猴之用。准备就绪，取来胶水瓶，粘制家庭版北京毛猴的"工程"正式开工。先将选好的辛夷顺毛朝上直放捏在左手上，在上端点上少许胶水，再用右手执镊子夹起一个小脑壳，轻轻粘在辛夷上端，于是毛茸茸的身躯上长出了猴头，随后粘上一左一右两只胳膊，再在体下粘上两条腿，很快第一个小毛猴就"诞生"了。它还无法直立，要先让它仰身躺在桌面上，等待胶水干固。不到一个小时，桌上已躺着9个姿态各异的毛猴。这时该吃午饭了，毛猴"工程"暂告一段落。午饭后，晾在桌上的毛猴胶水已干，头和手足全粘牢了，"工程"步入下一阶段。因为毛猴的双足并不足以支撑全身站立，所以必须将它粘在托板上。用一块厚"马粪纸"板，裁成合适的大小，面上贴好选中的土黄色彩纸，使其接近地面的土色。然后依次将毛猴的足部涂上少量胶水粘在托板上。有两个毛猴腿部呈蹲坐态，就从金鱼缸中捞出两块小白石子，粘在托板上，作为坐姿毛猴的坐凳，然后把毛猴臀部粘在石上，让它们两位对坐谈心。另一个立姿的毛猴呈弯腰状，就用火柴杆作为它手拄的拐杖，让它站在对谈的毛猴旁，聆听它们谈话。这三个形成底板上的中心组合，再将其他6个毛猴分散粘在它们前面，姿态有跑有跳，像是一群玩耍的孩子。因为毛猴身体很轻，只粘住一只脚就可以站稳，能够保持抬起一条腿向前跑的姿态，颇显灵动生趣。粘好以后，大人孩子都很满意，说得给作品起个名字。舅爷爷随口说，就叫"猴乐图"吧！大家拍手称快。虽然家中粘制的毛猴没有市场上卖的商品制作精美，也缺乏精致的道具配合，但因为是自己动手的作品，更添几分家庭乐趣。

又过了几年，到我在私立育英小学上四年级时，又有了一次粘毛猴的经历。那是上"手工课"，教员教大家粘北京毛猴。事先教员去和药铺掌柜谈妥，由药铺以优惠价格包好两种粘毛猴的原料，按约定的日子，由同学分别去买，他选定的药铺还是东四牌楼北的北庆仁堂。上手工课时，教员先在教室前讲桌上陈列出上一届学生手工课时保留在学校的几组毛猴作业。然后再讲解粘毛猴的方法，并启发同学发挥想象力，努力去创作。同学可以独自完成作业，也可以几个人组合在一起，但也不是组合中人越多越好，因为规定作业中出现的毛猴数量，必须多于组合中的人数，还要将作业的题材先向老师汇报，须经他同意，否则要再另选题材。由于手工课作业的时间有限，大家多是选取三人结组作业的方式。我也是与另两位同学合作，三人一组，提出以古画"渔樵对话"为题材，背景是画出的山水，共制4个毛猴，两个是岸上的樵夫，两个在渔舟上，一个划船，一个垂钓。汇报后，老师就批准了，我们马上分工进行制作。一位在家里从小学习中国画的同学画山水背景，另一位参加过航海模型小组的同学制作小渔船，我曾粘过毛猴就负责粘四个毛猴。老师不停地在教室中巡视，也不断辅导初次粘毛猴的学生，教他们粘毛猴的要领。一个下午，大家都饶有兴趣地完成了作业。然后老师将学生聚集在一起，共同品评大家交来的作业，并从中选出五件留在学校，我们组的那件也被选中，大家都很高兴。因为时间较紧，有的同学忙中出错，或是将毛猴多粘一条腿，或是忘掉一只胳膊,甚至忘了粘猴头。交了作业一起评论时才发现,自己也感到好笑,教室内欢笑声不断,至今距小学生活已近八十年,这仍是其中难于忘怀的欢欣片断。

*先出犄角后出头
水牛儿、水牛儿,*

前日京城大雨,雨后忽见窗玻璃上伏着一只蜗牛,老北京话叫它"水牛儿"("牛"加儿化音后在当时老北京话读音为"妞")。它怎么从楼下园中沿墙慢慢爬到九层楼的窗上,又花费了多少时间,不得而知。现在窗玻璃已是它的归宿地,静静地停在那里三天了,已无生命迹象。

看着日渐干枯的水牛壳,耳中似乎又响起儿时的童谣:"水牛儿,水牛儿,先出犄角后出头……"回忆起当年这种小生物,在连阴的雨天里,带给孩童的欢乐。

当年旧京民居都是平房，多年失修的屋瓦，常会引致漏雨。到了夏天遇到连阴雨，大人日日忧屋漏，孩童则闷在屋内炕上，无法出屋到院内玩耍。只有等待雨水的间歇时，出到屋檐下窗台旁，去寻找水牛儿，然后将找到的水牛儿收集到小木盘内，带回屋里。屋外的雨又渐渐沥沥下个不停，大人继续检查屋顶有没有漏水的地方，而孩子们已经把注意力转向水牛儿。他们聚在炕上，将放着水牛儿的小木盘放在炕桌上，往采集来的水牛儿壳上喷水，以为这样就如水牛儿遇到下雨一样会把头和身躯从壳中伸出来。一边齐声唱起歌谣：

水牛儿，水牛儿，

先出犄角后出头。

你爹、你妈，

给你买的烧肝、烧羊肉。

"烧羊肉"是老北京传统的食品（似乎是月盛斋生产的最有名），价钱较贵，孩子们平时很难享受到这种美味，所以想当然认为水牛儿听到也会因要享受美味而伸出头来。孩子们一遍一遍地唱，但是水牛儿不为所动，一个个安然蜗居在壳中。时光过得很快，为孩子准备的饮料——白开水，已经从滚烫的开水晾凉，成为凉白开水，但水牛儿没有一只肯从壳中伸出犄角来。

看来"烧羊肉"对水牛儿没有任何吸引力，孩子早已停止唱歌谣，能够采取的唯一手段就只剩下不断给水牛儿喷水。或许是"功夫不负有心人"，终于有一只水牛儿慢慢地从壳里伸出它的两只"犄角"，引得孩子一阵欢呼。或许是欢呼声吓住了这只水牛儿，它又把刚伸出的犄角收了回去。好不容易等出来的犄角又缩回去了，引得孩子们一片叹息声。等一切安静下来后，又见另一只水牛儿慢慢伸出犄角，然后同歌谣唱得一样，随后伸出头来。接着整个伸出身躯，背负着圆壳慢慢地爬行起来。这时孩子们不再出声，生怕再把它吓回去。随后又有两只慢慢伸出身躯，背负着圆壳爬起来。渐渐地水牛儿们爬出小木盘，爬到炕桌面上。在它们爬过之处，留下了一条一条黏黏的轨迹。这时每个孩子认定一只水牛儿，再取来一把裁衣用的木尺，放在炕桌旁边，用来观察哪只水牛儿爬得最远。这场慢吞吞的比赛，一直持续到吃晚饭时也未分胜负。等吃过晚饭回来，这几只水牛儿早已又回到壳内蜗居，分别停留在炕桌的不同角落。将它们收集在小木盘中，由大人将小木盘放到室外窗台上，让它们再接受雨水的滋润，或许明天它们还会给孩子带来新的欢乐。

很遗憾，这些小生灵的生命是那样的短暂。等第二天再去看时，小木盘中只剩下干枯的壳体，不再有生命的迹象。但是昨天它们带给孩子们的欢乐，会陪伴孩子的一生。在那个年代，不像今天，没有电视、手机，连收音机也没有，连阴雨时孩子困在屋中，水牛儿这种小精灵带给孩子的欢乐，极其可贵，八十多年过去，至今难以忘怀。看到窗上的蜗牛，不自觉地脑中响起儿时的童谣：

水牛儿，水牛儿，先出犄角后出头……

耍耗子、耍猴和耍猴粒子

今年是农历庚子年，在十二生肖中代表"子"的动物是鼠，也就是鼠年。鼠，老鼠，老北京俗话管它叫"耗子"。那时人最不待见的小动物之一就是耗子。因为它不仅可以在室内墙角下打洞居住，又可以上到纸糊的顶棚里安家，昼伏夜出，除了偷吃、污染食物，还到处啃啮衣物、书籍，又传播疫病，人们不胜其扰，所以一般人家都要畜养耗子的天敌——家猫，用以捕捉驱逐耗子。大人教给孩子的成语中，凡有"鼠"字出现时，也多是贬意，如"贼眉鼠眼""鼠目寸光"等。唯一留在儿时记忆中，对耗子有好感的事，就是看"耍耗子"表演。

那时旧京中走街串巷表演的艺人，有一种行当是"耍耗子"。与耍耗子接近的行当，还有耍猴的和耍猴粒子的，它们招揽的顾客，都以儿童为主。行走在街巷中，表演的艺人不吆喝，而是靠吹奏或敲击不同的乐器，借以吸引顾客。耍猴的是敲锣，耍猴粒子的是敲小锣，耍耗子的是吹海笛，就是小型的唢呐。表演的场地也不同，耍猴和耍猴粒子只须在胡同内较宽敞的树荫下，敲响锣招揽来观众，拉起场子就可表演。通常表演耍猴的只有一个人，猴子蹲在肩上，身后牵着一只长着长胡子的山羊，身上背着个木箱，箱内盛放猴子表演时用的道具。拉开场子后，一面敲锣，一面让猴子从肩上下来，先骑在羊背上跑圈子。吸引来的观众，主要是带着小孩逛街的妇女，等观众稍多时，就指挥猴子表演，不外是翻筋斗、拿大顶、倒立行走等。最后是打开箱子，取出小戏剧服装让猴子穿上，猴子自己会去箱子里取出脸罩和头盔，套戴在头上，再取出木质的小刀或小枪，然后拿着满场耍弄，这也是整场演出的高潮。达到高潮，演出也就结束了。最后猴子捧着铜锣当托盘,向围着的观众讨赏钱,这时围观的大人都会从兜里掏出几个"镚子"(老北京人习惯把角、分的硬币叫"镚子")交给孩子,由孩子丢进铜锣,打得铜锣当当响。见人将钱抛入铜锣,猴子会举起前爪给抛钱的人敬个礼。如果它举着铜锣,对方不抛钱,它就会对那人龇牙做鬼脸,似乎耻笑那人小气,会勾得旁观者大笑。讨要一圈后,猴子把盛钱的铜锣交给艺人,艺人会奖赏它一些水果,于是它就会跳上艺人肩膀大吃起来。整场表演结束,围观人群散去,全程半个小时左右。这时如有新的观众围拢过来,就会再开始新的表演。从我儿时到上学时几年过程中,旧京串胡同表演耍猴的艺人和表演的猴子都有些变化。早年时,耍猴艺人的口音似乎都是京郊农村口音,表演的猴子都没有长尾巴,那尾巴应是被切掉了。这令人想起小说《红楼梦》第五十回"芦雪庵争联即景诗　暖香坞雅制春灯谜"中讲的是表演耍猴的猴子是被截去尾巴的,原文如下:

湘云笑道:"我编了一支《点绛唇》,恰是俗物,你们猜猜。"说着便念道:"溪壑分离,红尘游戏,真何趣?

名利犹虚，后事终难继。"众人不解，想了半日，也有猜是和尚的，也有猜是道士的，也有猜是偶戏人的。宝玉笑了半日，道："都不是，我猜着了，一定是耍的猴儿。"湘云笑道："正是这个了。"众人道："前头都好，末后一句怎么解？"湘云道："那一个耍的猴子不是剁了尾巴去的？"众人听了，都笑起来，说："偏他编个谜儿也是刁钻古怪的。"

看来这种将耍的猴子去掉尾巴的做法，在旧京至少从清末一直延续到20世纪30年代。同时耍猴的动物演员，除了猴子，还一定有一只长胡子山羊。但是到后期，京郊口音的艺人变成外省口音的艺人，表演的猴子有长尾巴，山羊不见了，只有艺人和猴子。或许说明那时京郊已没有从事耍猴的艺人了，所以外省的艺人就来京补了这行当的空缺。

耍猴粒子，旧京俗称也叫"耍吾丢丢"（"吾丢丢"三字为读音，正式如何写，我不清楚。其中"丢丢"的第一个"丢"要重读，第二个"丢"要轻读）。虽说"猴粒子"名称中有"猴"字，实际跟猴这种动物没有关系。旧京人们口中说的"猴粒子"，是一种傀儡戏，指用手指表演的一种"杖头木偶"。耍猴粒子的艺人都是独自一人，走街串巷时肩上挑个挑子，一头挑着一个木箱，另一头是个大布筒，手里敲着小锣。也是与耍猴的一样，一般在胡同中选个较宽敞的树荫下，拉起场子表演。打开大布筒，里面卷着用布缝制的"戏台"，先用四根立杆和四根横杆搭好支架，用蓝布围护成中空立方筒形的台基，上面再张起布制小戏台。艺人钻入台基内，布台基的高度整好将他包护，所以从外面看不到人，只能见到他向上伸出台口的双手。表演时将中指上套上泥塑的偶人头，中指和无名指向左右伸展是偶人的两只胳膊，套穿上小戏服，再在指尖套上偶人的手形。于是向上伸出的手就成为一位表演的人物。因为一个人只有左右两只手，所以小戏台上演出的剧目中，只能限于出现两个人物的简单小戏。如果出现其他人物，只能是作为陪衬一动不动地插在一旁。艺人一边用手表演，一边用嘴唱颂台词，还在嘴角含个哨子，用哨音伴奏。被吸引来围观演出的观众，同样主要是儿童和儿童的家长，所以演出的剧目，为了吸引儿童，以简单易懂又热闹打斗的故事为主,经常演的有"王小打老虎"。演出开始,小戏台上的背景是一座大山,突然窜出一只张着大嘴的黄毛黑斑老虎,它上蹿下跳,像是饿了想寻找食物,表演艺人用口哨吹出风声和老虎的吼叫声,以增添饿虎觅食的恐怖气氛。忽然哨声静了下来,老虎也趴伏在台边,似乎发现了猎物,准备伺机扑过去。这时从台的另一侧走出一位老太太,穿着朴素的黑衣,一手提着篮子,一边走一边俯身摘野菜,并不知道危险就在眼前。猛然一声凄厉的哨声响起,老虎跳起来扑向老太太。老太太吓得抛掉篮子,回身逃跑。于是老太太在前面跑,老虎在后面追,在台上跑了一圈又一圈。终于老太太跑不动了,被老虎扑倒。老虎高兴地围着僵卧在地上的老太太又蹦又跳,然后把老太太背在背上,往山里走去。这时从台侧又走出一个人,头戴草帽,挑着柴担,一边走一边唱着山歌,他就是老太太的儿子王小。突然他看到他母亲抛在地上的篮子,往前一看,老太太被老虎背走了,急忙甩掉担的柴捆,抽出扁担,不顾一切地去救母亲。他追上老虎,左手抓住老虎的尾巴,右手持扁担拼命抽打老虎的屁股。口哨声又响了，表现的是老虎被打的嚎叫。老虎把背上的老太太甩在地上，回转身张开大嘴，吼叫着向王小扑来。这时王小双手举起扁担，一下子砸到虎头上。随着一声凄厉的哨子声，像是老虎的哀号，它的头被砸成两半，一半脱落在地上，另一半垂在脖颈上，然后趴在地上不动了。王小打死了老虎，救了母亲，赶忙去扶起受伤倒地的老太太，用一只手搀扶着母亲，用另一只手拖着死虎的尾巴，高兴地回家了。至此，演出结束，那位表演的艺人，从台上探出身来，举起双手，一只手上套着王小，另一只手套着老虎（这时那分成两半的虎头已合拢完好），向观众谢幕，手上的王小和老虎也同时拱手（老虎用两只前爪）作揖向观众行礼，迎来观众一片掌声。随后他从台基后钻出来，手捧小铜锣，向观众讨赏钱，观众就纷纷往铜锣上抛"镚子"，然后散去。如果再有新的观众围拢过来，等人多了，艺人又会钻回布台基内，进行下一场表演。如果没有观众，他就会收卷起布戏台，敲起小锣，转向其他胡同讨生活。

　　耍猴粒子与耍猴的相比，旧京老百姓更喜欢前者，原因有二：其一是卫生情况，耍猴的艺人，身穿的衣裤，因为猴子在身上爬上爬下，总是显得脏兮兮的，那猴子的毛也不干净，身上还常有寄生虫，如虱子等。所以它平时总是用爪子在身上抓搔瞎掰哧，搔完还把爪放到嘴里。因此老北京有句歇后语：

猴拿虱子——瞎掰（"瞎掰"，北京俗话就是指"瞎说""没么回事"的意思）。

猴子身上很脏，山羊的毛也不干净，白毛多是脏成灰色。连艺人手中敲着的铜锣，也因常年不擦洗已看不到金属的光泽。同时也常传闻有猴子犯了野性，抓咬观众的事。因此大人带着小孩围观时，都要不断嘱咐孩子别靠得太近。而耍猴粒子的艺人则不同，他们衣着整齐洁净，常是干净的青色或灰色长衫。所支开的布舞台，也洗得干干净净。手持小锣，擦得锃亮。小舞台上表演的偶人，不会出现伤及观众的事。所以从防病、卫生、安全等方面来看，大家自然愿意选择后者。其二是演出的内容，看耍猴只是好玩，表演的内容对教育孩子无任何意义。耍猴粒子虽然表演的也只是剧情简单的小戏，但孩子看后会悟出一些大道理,以最常演的"王小打老虎"来讲,它应是依据自宋金以来广为流传的"二十四孝故事"中的《杨香打虎》衍生而来,只是将原来故事中的女孩杨香改为男孩王小,原来是"打虎救父"改为"打虎救母"。故事虽简单,但其中就隐喻着中国古代社会思想基石之一的孝道,同时还显示了遇到危难时无畏的精神,以及抗击邪恶的勇气。这些都在儿童欢快地欣赏偶人"王小打老虎"的表演时,自然而然地灌输到他们的脑海里,这也是大人愿意带着孩子看耍猴粒子的重要原因,也是那出小戏"王小打老虎"成为耍猴粒子艺人的看家剧目久演不衰的原因。就我对幼年看过的那些次耍猴粒子表演,似乎每次都会演"王小打老虎"。有时演一回小观众没看够,还会喊"再来一次"。除了这出小戏外,有时也演另外一些小戏,因为一个人只能双手表演的局限,台上只能有两个偶人活动表演,所以能演的剧目有限,记得还看过"哪吒闹海"和"时迁偷鸡","哪吒闹海"突出了勇敢的小哪吒,不畏强暴,与蛮横的龙王三太子及其统领的鱼、鳖、虾、蟹兵丁一对一的打斗,偶人形貌不断变换，场面火热，也是受孩子喜爱的剧目。

与耍猴和耍猴粒子不同，耍耗子的虽然也是走街串巷，但是不能在胡同里拉开场子就随地表演。因为保护那些特殊的小鼠演员，只能在有严密安全防护条件的院落内演出。与看耍猴和耍猴粒子不同，看耍耗子的花费要多得多，因为前者在看完一场演出后，只需向艺人的锣里抛几个镚子（几分钱）就对付过去了，即便再加一张毛票也不过一角钱。但是要将耍耗子的艺人请进自家院内演出，一次的费用要两元钱，经过划价，也只能降低两三毛钱，在当年这可不是小数目，看一场京剧也花不了那么多钱。因此，当时较富裕的人家才肯为了孩子，偶然花钱看一次耍耗子。在我的记忆里，也只看过一次，那还是大伯母出钱，请我们在她住的院内看的。

与耍猴和耍猴粒子的艺人只由一人承担不同，耍耗子的艺人至少有两个人，有时甚至三个人，一个人是师傅，他背着盛放演员的圆筒，手持着小唢呐——海笛，吹奏音色高亢，声传甚远，以吸引顾客。另两个人都是徒弟，都挑着较重的担子，一个人挑的担子一头是装表演行头的木箱，一头是足踏的强力打气筒；另一个人担子两头都是圆柱体大布囊。谈好价钱，进入院内以后，艺人首先请主人把养的狗拴好，特别要把猫关到室内看好。猫是耗子的天敌，主人畜猫主要目的就是捕鼠，自然非要先加防范。狗也会逮耗子，早在汉代的画像石中就有狗用嘴咬着耗子的图像。不过旧京人们畜犬的目的是为了防盗守门，其职责并不是逮耗子，放着门不去用心守卫，而去代替家猫拿耗子，被视为多管闲事。所以老北京人平常用以比喻不务本业而好管闲事的人是"狗拿耗子"。因此民间有句广为流行的歇后语：

狗拿耗子——多管闲事。

但是为了怕它会管闲事，故此也必须拴好，以防会来伤害耗子演员。

一切准备就绪，师傅就命令徒弟们打开布囊，取出里面卷着的布景，这些布景是用不透气的油布制作的（那时塑料还未发明，只能用笨重的油布），用脚踏的充气筒向内充气，这些力气活都由徒弟来做。师傅则再一遍仔细观察院内各处，确定没有潜在风险后，就开启盛放演员的大圆筒，再从里面取出三四个粗竹筒,筒上满布气孔,筒内窸窣有声,那就是演员——小耗子的"休息室"。徒弟还一直忙着向道具布景内充气,那油布的布景不断扩展并逐渐直立起来,最后面积竟可达到近少半个院子大小,直立起来像座童话中的"城堡"。它有一周院墙,前面是座大门,门前有个广场。院内靠后墙处是一座二层的楼房,进大门有廊道通往楼房,还从侧面向上通往二楼。楼房旁边是间厨房,前有带井台的水井,井架上安装有打水的辘轳。布景设置好以后,师傅向观众行礼,并宣布今天表演的内容是"耗子娶亲",然后他拿起一个竹筒,打开盖,于是一只小白鼠爬了出来,伏在他伸出的手心上。他介绍说:这位是招亲的"小姐",他向小鼠说给大家行个礼,然后吹了一下口哨,那小鼠就用后肢站立起来,拱起前肢,作揖敬礼,引得大家鼓掌。接着他从装行头的木箱中取出件小红袄套在小鼠身上,把它放在大门前,那小鼠就爬入大门,沿廊道到楼前,又从廊道上到楼上,前肢伏着栏杆站在正当中的位置。接下来他把那竹筒横放在大门前,又吹声口哨,筒里依次爬出四只小白鼠,拱立门前。他介绍说：这是小姐的四位丫鬟。他给四只鼠头上各簪一朵红花，然后那些小鼠排着队爬入大门，顺廊道上到楼上，左右各两只，伏在"小姐"旁边。以后随着口哨声，不断爬出来负责烧火做饭和汲水的小白鼠，以及四个看守大门的和一个门官的小白鼠，都分别爬到它们负责的位置，四个守门的小鼠各拄着一根小木棍，分立在大门两旁。这样耗子小姐家中的全部成员都到齐了。随后"小姐"饿了，要先吃饭。于是作为厨师的小白鼠忙了起来，坐到灶旁，另有小鼠衔来柴火，塞入灶门内。另一个负责打水的小鼠，衔着小水桶爬到井台上，立起身来用两个前肢拉辘轳上的绳子，很熟练地把水桶从井口拉出来，再衔着送到灶台上倒进锅内……"小姐"吃过饭，安静地等着求婚者。于是两组求婚者要上场了，师傅拿来另外两个大竹筒，分放在门前广场的左右两侧。他先开启右边的竹筒，随着口哨声爬出的不是小白鼠，而是一只黑色的大老鼠，随后爬出来它的两个随从，也都是黑毛的老鼠，它们与那些小白鼠比较，颇显得脏兮兮的，令人生厌。黑老鼠们爬到大门前，将模拟求婚书的一张小红纸衔给门官，请它转呈给小姐。门官衔着求婚书，爬过廊道送到楼上，交给丫鬟转呈小姐。小姐从楼上远远望见大黑老鼠，厌恶地转过身去，让丫鬟把那求婚书咬碎抛往楼下。门官见小姐拒绝，就回到大门处，推着门扇把门关上。但是被拒的求婚者还是不死心，继续敲门求见，气得门官开开门，让四个守门的小白鼠衔起棍子，把不受欢迎的来客赶走。于是黑鼠在前面逃，白鼠持棍在后面赶，在门前广场跑了几圈后，随着师傅一声口哨，黑鼠们就钻回右边大竹筒中，师傅合上筒盖，这幕表演结束。他再开启左边的大竹筒，随着他的口哨声，第二组求婚者登场。这回爬出来的是一组小白鼠，约有十来只，出筒以后先排成一列纵队，围着广场转弯跑圈。这时师傅从行头箱中取出一些小道具放在一旁，然后吹声口哨，小鼠们立时停止跑圈，为首的一只爬到大门前站立，师傅给它套上一件黑色的小马褂，戴上黑色的小帽头（老北京人习惯管瓜皮状的帽子叫"帽头"），表明它是求婚者。其余小鼠纷纷去取它们自己应拿的道具，有小旗子、小伞盖、长柄扇子，然后分两列站在求婚者身后。

这时师傅拿起海笛吹奏起欢快的乐曲，呈现出喜庆欢快的氛围。求婚者送上小红纸的求婚书，门官快速传递到楼上，这次小姐欢快地接受了，让门官将求婚者请到楼下，然后小姐衔起一个彩球抛了下来，求婚人用嘴接住，求婚成功，求婚人成为新郎。接着师傅将一方红巾盖在小姐头上，小姐成为新娘。在欢快的海笛乐曲伴奏下，丫鬟们簇拥着新娘爬下楼来。丫鬟推开楼下正厅的门，新郎新娘爬入洞房。这时其余的小白鼠都集合到大门外广场上，欢乐地跳跃、打滚、翻筋斗，快乐地庆贺婚礼成功。突然，海笛演奏停止，师傅一声口哨，所有小鼠停止跳闹，鱼贯地分别爬进它们居住的竹筒中，演出结束。最后师傅一手托着新郎，一手托着新娘，向观众谢幕。还准许主家的儿童用手抚摸一下小白鼠，然后将它们放回竹筒。大伯母一面付钱，一面问那师傅，训练小耗子表演得要费多少时间。他回答说，黑耗子很难训练，小白耗子比较灵巧，一般要先驯养一段时间，然后训练，前后要好几个月，这边师傅闲聊，那边徒弟则忙着收拾散落的小道具，再给布景放气，然后用力卷好，再捆扎收入布囊内，累得满头大汗。

看过耍耗子表演，似乎对耗子的厌恶有些改变。但是在老旧平房的漫长岁月中，实在是时时提防耗子的骚扰破坏，不管是畜猫，还是安设鼠夹、投放毒鼠药，鼠患总难根除。所以在对童年的回忆中，唯一对耗子留下点好印象的事，也就是那一次看耍耗子了。

扳不倒

一位白胡子老翁，满脸笑意，摇摇摆摆地出现在你面前，用手去扳他，直到歪倒在地，但只要你一松手，他立刻就又摇摇摆摆地立起身来，仍旧笑容满面。这就是旧北京小孩最喜爱的一种玩具——"扳不倒"，也就是"不倒翁"。在当年庙会玩具摊上售卖的扳不倒，一般高约半尺至一市尺左右，整体造型卵圆形，呈小头朝上大头朝下的立姿，底部是卵圆的高圜底，薄泥胎，表面彩绘出老翁形貌，白胡须，额上有皱起的"抬头纹"，面带笑容，弯眉，眼睛笑眯下弯成一道缝。多涂成鲜艳的红衣，腰下圜底处涂黑色。除了白胡子老翁形貌外，也有的绘成京剧中丑角官员的形貌，还会给它塑出黑色的纱帽，两侧还装上可以颤动的帽翅，摇摆时更滑稽可笑。泥胎内部是空腔，所以重量很轻，在空腔底部装有适量的沙土，平时是作为让其直立的配重物，当被用手扳动时，腔内沙土会随之倾倒，但手松开以后，沙土又会很快复回原位，使它能够又摇摇摆摆地站立起来。这种玩具价钱不贵，买回家去可以放在炕上给孩子玩，也可以放在桌上玩。极受孩童欢迎。

除了去庙会买扳不倒，也可以哄着大些的孩子在家里自己做，也是启发孩子智力，训练孩子动手能力的好办法。我们小时候，是舅爷爷教我们制作扳不倒。所准备的原材料很简单，一种是蛋壳，最好是大型的鹅蛋，但鹅蛋很难找，因为北京人家中做饭从不用鹅蛋，家中常备的鸡蛋，个头又嫌太小。所以最佳选择是鸭蛋，因为北京人早点的咸菜中，经常备有咸鸭蛋。但是一般吃咸鸭蛋时，是先将它纵切成两半，现在做扳不倒，则需要基本完整的蛋壳，就只能先在鸭蛋小头小心地开一小孔，用细筷子一点一点把里面的蛋白和蛋黄夹出来吃，以保留一个基本完整的蛋壳，以用来做扳不倒的身躯。第二种原材料是白萝卜或土豆，用它们削制扳不倒的头。第三种原料，是填充扳不倒体内的细沙土。此外，就是一些进行彩绘的颜料。制作时要先将蛋壳清洗干净，继之填入适量的细沙土,大约填充蛋体的四分之一到三分之一,然后将一小块白萝卜或土豆先削成圆形,再在前面刻出凸出的鼻子,下面修出一段较长的脖颈,脖颈的大小要比蛋壳上开的孔略小一些。最后将头插合于蛋壳孔中,扳不倒就基本成形,先扳摇几下,试一试它是不是扳倒后一放手就摇摆着站起来,如不合适,再将头取下,调整一下壳内沙土的填充量。等达到扳不倒的效果后,再施彩绘,画出眉目口唇和胡须,涂绘红衣。于是一个自制的扳不倒就大功告成。

　　如果积攒的鸭蛋壳多,就可以连续制作多个扳不倒。最后当一群自制的扳不倒摆在桌上,大家一起把它们不停地扳动起来,一大群白胡子老头在桌面上欢笑得前仰后合,喜气欢天,给家中平添了多少欢乐!

套圈儿

庙会中招揽未成年人的游艺项目,最普遍的一种是套圈儿。

在隆福寺庙会(当年旧京的庙会,最重要的是东城的隆福寺庙会和西城的护国寺庙会,它们一处是逢单日举行,另一处是逢双日举行,因此小商贩们是两处来回跑,一天在隆福寺摆摊卖货,傍晚收摊后,立即收拾好,连夜去西城赶往护国寺,第二日清早再出摊,开市后卖货。傍晚收摊再赴东城,明日好在隆福寺出摊。如此日日往返,不知疲倦,做小生意很是辛苦。因为童年住在东城,我只逛过隆福寺庙会,从没有去过护国寺庙会。)套圈儿的摊子,一般是在山门内广场的边角处,或是在前院内的边角处,都只是在极不重要的位置。套圈儿的摊主,先拉起一个约1米见方的绳圈,然后在地上横竖摆几行小玩意儿,如小泥娃娃、一堆弹球、一小包糖,还有一些小玩具，总之都是不值几个钱的小玩意儿。然后他就坐在绳圈旁的马扎上，在左胳膊上套着许多套圈用的圈儿，右手持着一根长竹竿，竿头安个小铁钩，是用来回收圈儿的工具，等待顾客光临。有顾客来，摊主就会吆喝：一分钱两个圈，一毛钱二十个圈，还外送两个。套到什么，什么就归你啦！其所能招揽的顾客，只是小孩，没有成年人会来套圈儿，如果看到有成年人在套圈儿，那也是带着孩子的家长，由于孩子总套不成功而哭闹，大人只得自己上手去套。不过家长亲自"上阵"也不一定能套成功，因为那些圈都是由细竹篾圈成，体量极轻，掷出后轻飘飘的没有准头，抛掷时要极用力，但是它弹性又很强。抛时使力小了，很近就落地了，无法达到绳圈内摆的物品；使劲大了，竹圈触及硬地面就反弹起来，明明看着竹圈已套到东西，但它一触地面就又反弹起来落往别处，还是什么也没套到。但是如果顾客永远都套不到东西，它就没有生意了。所以摊主有时也会有意把一些最不值钱的小物件故意摆到紧靠摊子外沿绳圈的地方，这样如果小孩套不到，陪同的大人一上阵，伸长胳膊，手就大致接近小物件上方，只要用竹圈轻轻下扔，就可套到。哪怕只是两个小糖块，小孩也会因套到东西而欣喜，又可吸引旁观的其他孩子花点钱来参加套圈儿。所以赶庙会时总会看到套圈儿摊位前有不少顾客围观。

　　说来说去，我儿时只是套圈儿的旁观者，自己并没有实践过。家长带着去逛隆福寺庙会，路过套圈儿摊子只是站住看看热闹。因为摊位处尘土飞扬，物品都直接摆在地面上，那些圈儿你拿他拿又不断抛在地上，摊主拾回后从不擦拭，卫生条件极差，摆出的小物件更没有能吸引我们的，所以只是驻足旁观片刻，但看到参加套圈儿的顾客的欣喜欢乐，也是令人十分开心的事。

洋取灯儿

"换洋取灯儿啦!换洋取灯儿啰!"在旧京清晨的胡同中,就可以听到这样的拉长声音的吆喝声。这时候也正是一般人家早起后,准备生火做饭的时候,人们正需要点火的工具,于是就会有人开门出来,叫住吆喝的小贩,用一些不用的旧衣物,从他那里换取一小盒洋取灯儿——就是红头火柴,用于点燃引柴,生火煮水或做饭。

洋取灯儿,就是旧京对火柴的俗称,也常把火柴叫作"洋火儿"。"取灯儿"是晚清以来在旧京曾出现过的引火点灯的工具,是由削成小片的竹片或松木片,上涂硫黄,可用于点燃香烛。后来从外洋传来工业生产的火柴,因系洋货传入中国,作用与"取灯儿"近似,所以前面加上"洋"字,称为之"洋取灯儿",又因其主要用于点火，所以又叫"洋火儿"。老年间传说用的"取灯儿"什么模样，我从来没有见过。幼年（20世纪30年代）见过家中保存的老年间取火用具，只有火镰和火石（燧石），但是因为多年不用，因为那时火柴已普遍使用多年，大人们已经不知如何使用，只是视为老物件存在家中。

选用打击时易于发出火花的石材——燧石（也叫火石），用打击的方法生出火花，点燃易燃物，因而取得火种。本来是中国古代进入以农耕为主的文明以后，人们日常使用的一种主要的取火方式。我们说火镰与农耕文明相关联，是因为它的形制明显仿效了农具中的手镰（或称爪镰）。那是套握在右手上掐割谷（小米）穗的专用农具，20世纪50年代我在农村参加支援秋收时还曾使用过。它的形制与收割麦子的长条形装柄的镰刀不同，是横长方形，横长9—10厘米，纵宽7—8厘米，下缘是微向外弧的刃，近上缘处左右各有一穿孔，用来系使用时套于手背上的绳套。这种手镰的历史悠久，它的原始形态是新石器时期仰韶文化的两侧有凹口的横条状石刀，当懂得制造金属工具后就改用金属制作。或许因用工具击打燧石时，是要用右手持工具，击打左手持拿的燧石，而套持在右手的铁手镰正适于用来击打的缘故，因之正可转用为打火具，故此以后打火具一直保持着手镰的基本形貌，也就被人们称为"火镰"。从火镰的名称，也正可反映出这种打火具与古老的农耕文明的联系。这种古老的打火具在中国使用了漫长的岁月。前面已谈到在我幼年时，旧北京的居民已经普遍使用洋取灯儿取火，家中大人都已不知如何使用火镰，但是沿胡同叫卖的农村小贩，还常常有人使用火镰打火。当时我年幼，感到新奇，见他们在胡同内路边蹲坐休息时，拿出火镰准备打火吸旱烟，就愿意蹲到旁边去观看。只见他右手持火镰，左手持燧石（燧石装在一个小布袋中，与烟荷包一起挂在旱烟袋杆上），躬腰耸肩击打，一下、两下……不一时打出火花来，立即引燃"火纸媒"（这时火纸媒是阴燃的，只有香柱似的火头），然后直起身来，往烟袋锅内装烟叶，烟叶装好后，这才吹燃火纸媒，点着烟叶，靠在墙根悠然自得地吸起烟来。不过那种实用的火镰，形貌并不美观，就像个普通的小铁片，顶多在握手的上柄部饰有几个轱辘钱纹，朴实耐用而已。但是家中藏有的已不会使用的火镰，制工则较精致，握手的上柄部还饰有缠枝花纹，应系晚清时还使用过的用品，这时早已丧失实用功能。但是用于吸烟时点旱烟袋或水烟袋的用具——火纸媒，当年也还在使用，只不过用于点燃火纸媒的已不是火镰，早已改用洋取灯儿了。

从小贩手中换的洋取灯儿，都是一种包装简陋的红头火柴。这种火柴使用起来很不安全，有时放在灶台上时间稍长，它很容易因灶口余热使温度稍高而自燃。人们外出，为吸烟方便常将红头火柴装入衣袋，因其包装简陋，极易磨损，导致火柴相互摩擦，也易在衣袋内自燃，颇为危险。针对上述情况，人们制造一种简易的金属洋取灯儿盒，将薄铜片折成"凹"字形，正好把红头火柴匣侧身嵌入其中，让匣侧上的摩擦面恰好露在凹口处，这样一来，将洋取灯儿放入衣袋中就不怕挤压磨损，避免自燃。这种简易的洋取灯儿盒也可用铁片制作，除了简单的素面外，也可以加饰花纹，令其美观。

不安全的红头火柴很快就被"安全火柴"所取代。

所谓安全火柴，主要是改进了火柴头和摩擦面用药配方，从外观看火柴头已不是红色而呈黑褐色，木杆比较粗大规整，整体比红头火柴长三分之一。所以盛火柴的火柴盒也较大了，而且制工规整，盒面贴纸上除标明商标和生产厂名外，在其四角明显圈出四个圆环，环内分别有"安全火柴"四字，极为明显。在盒的背面，常常加贴印有花卉、山水、人物的贴画，颇觉精美。这种火柴盒质量较好，放在衣袋里也颇安全，那种铜片制作的洋取灯儿盒也就没人再用了。我幼儿时虽然胡同里还不时有换洋取灯儿的叫卖声，但是当时一般居民已经是去百货商店买安全火柴使用，只是一些生活极困难的贫民，为了省钱，才凑合着勉强用不安全的红头火柴。

日用品生产技术进步产生的社会效果有时来得很快，在火柴的使用方面也是如此。我幼儿时还经常听到的换洋取灯儿的吆喝声，没过几年，在我达到上小学的年龄时，也就是进入 20 世纪 40 年代以后，这种吆喝声就销声匿迹了，红头火柴同样也从市场上彻底消失。"不安全的火柴"没有了，与之相应，火柴盒上明显标注的"安全火柴"字样也随之取消。连当年老北京人口中常讲的"洋取灯儿"一词也已被弃之不用,逐渐被人们所遗忘。

毛窝 骆驼鞍

在旧北京，城内居民主要住的是四合院内的平房，"洋楼"（因为现代楼房建筑技术是从西洋人那里学来的，所以老北京俗称其为"洋楼"）很稀少，多集中在王府井以南东交民巷一带。高过三层的大洋楼更少，如老北京饭店，那就是当时有名的"大洋楼"。散落分布的平房，冬季取暖设备更为原始。一般是使用烧煤的专为取暖的铁炉子，装有通往室外的烟筒，北京俗称"洋炉子"。烧煤块，煤块分无烟和烟煤两种，稍富裕的家庭多选用无烟煤。也有的生活条件较差的家庭，只是把平时做饭的小方形煤球炉子搬入居室取暖，但因没有通风的烟筒，只能在炉火旺时搬入室内使用，需添煤球时就必须要搬出室外，以免煤气中毒，自然很不方便，也难保持室内温度。洋炉子也分大、中、小号，大的约近一人高，一般的大约高一米左右，小号的仅有半米高。自然炉体越大供暖越好，但也费煤，供暖费用也高。所以一般家庭最多选用中号洋炉子取暖，而且也无法每间屋子都装火炉，一般正房五间中只将火炉安装在当心间，所以东西两侧耳房（一般是用做卧室）还是很冷。加上平房内地面仅是在夯土基上铺一层薄薄的砖，既便室内有炉火，地面也依然是凉凉的。为了应对冬天冰凉的地面，因此人们不仅在室外要穿厚棉鞋，就是在室内也必须穿很暖和的棉鞋。因此，过冬时除了要准备御寒的棉袄棉裤外，更要早早准备好棉鞋。

老北京人习惯叫过冬的厚棉鞋为"毛窝"。又因为厚棉鞋的外貌与平时穿的单布鞋不同，单鞋是尖鞋口矮鞋帮，棉鞋则是紧鞋口高鞋帮。而且棉鞋的鞋帮前高，中间在脚踝骨处，为让开外凸的踝骨，所以鞋帮向下微凹，后跟处又高起来，整体呈鞍形，又似骆驼背上前后两个驼峰，所以习惯叫这种棉鞋为"骆驼鞍"。由于老人上了岁数，更怕脚冷，所以还有专为老人制作的又大又厚的骆驼鞍棉鞋，叫"老头乐"。老头乐制工烦琐，家里不易做，要到鞋铺去购买。但孩子的骆驼鞍一般都是在家里制作，而且孩子整天玩闹，一冬常要穿坏两双棉鞋，所以一年至少要为每个孩子准备两双，一般是从一冷穿一双，到过年（指过春节）时再换双新的。一般家庭中给孩童做冬衣、棉鞋是家长在夏天的针线活计。所以，我和姐姐童年时，春日过后一入夏时娘和老保姆就开始准备制作。做棉鞋一般要经过准备和制作两个过程。准备工作包括打"袼褙"，剪纸样。制作先是分别制作鞋底和鞋帮，最后一步是将做好的鞋底和鞋帮绱到一起，全鞋完工。

袼褙是制作鞋底的主要原材料，市场内无处售卖，只能在家中自制。制作袼褙的原料是破旧的布料，所以制作前家里大人先翻箱倒柜地收集废旧的衣物，然后动手拆开，去掉线头，撕成小块。在这过程中孩童也可以参与，特别是择去上面的线头，并非参加劳动，而是当成一种游戏，两个人比赛单位时间内谁择掉的线头数量多。将旧衣物拆撕成小布块以后，就开始"打"袼褙（不知为什么，老北京人习惯将粘贴制作袼褙称为打袼褙），先要用白面打糨糊。制作袼褙的糨糊，要调得稀稀的，不能过稠，但数量要大，至少要打一大脸盆。再取来家里做饭时用的最大号的木案板（尺寸大约纵长三市尺，横长两市尺），先在板面沾满清水，然后将旧布块上下左右一块连一连铺贴满整个板面，接着在贴好的布面上刷满一层糨糊，再在上面铺贴第二层旧布块。就这样一层又一层地铺贴。一般要打薄些的袼褙，要铺贴四五层旧布，打厚些的，则至少要贴七八层。最后的表面一层贴布，要让四缘长于板面，然后把长出部分的布面下面抹满糨糊，再折下贴牢在案板四侧边棱上，以使袼褙牢靠地附贴在案板上。最后将案板搬到阳光下晾晒。大约晾晒四五天，等袼褙彻底干透，将案板棱糊住的四缘揭开，一张长三市尺、宽两市尺的袼褙就制作完工。因为家里一般不会有多余的大案板，只能等第一张袼褙制好揭下后，再贴制第二张。如果赶上阴天或下雨，袼褙干不了，所需制作时间就会延长。如果恰恰遇上连阴雨，那就倒霉了，不仅袼褙无法干透，有时还会发霉，那样的袼褙无法使用，只能扔掉。

准备工作的第二项，是制作纸鞋样。先要找出去年制作的纸样，包括鞋底样和鞋帮样，先校正鞋底样，让孩子将脚（穿着袜子）踏在白纸上，用笔沿脚边勾出脚底轮廓，再将去年用的纸底样放在上面，看比去年长大了多少，然后再按脚底轮廓适当放宽，一方面是要计算上鞋底缘和鞋帮的厚度，还要留出脚在鞋中舒适的容积。同时要左、右脚各画一张，以使做好的鞋"认脚"。现在中外鞋厂生产所有的鞋都自然分为左、右脚，但是在我幼年时，不仅许多家做的鞋并不"认脚"，左右两只相同，庙会（如老北京隆福寺庙会小摊上卖的鞋，尖脸布单鞋、搬尖洒鞋、毛窝）更是如此，并不分左右脚，只分大小肥瘦，也就是北京俗话说的"鞋不认脚"，买鞋时只须在一堆同大的鞋中挑两只认为满意的即可。一般新鞋较紧，回家穿一段时间鞋被脚撑松一些，左右脚就有些区分，特别是左右大拇趾处顶的位置不同，所以穿久了鞋自然"认脚"，分出左右来。但是在有名号的大鞋庄制作的鞋，都是"认脚"，分左右鞋不同而合成一双。一般小鞋铺和街上摆的鞋摊，大多已经制卖认脚鞋，但据顾客需求喜好，也会为其制作不认脚的鞋。在家里给小孩做鞋，一般在幼儿刚能下地初学行走时，所做的鞋不认脚，左右相同，稍大些三四岁时就要分左右脚，以防鞋不合脚，导致脚发育不好易得脚病。

准备工作的第三项，是补充购置需用的材料和工具，包括纳鞋底用的麻绳、包沿鞋口的宽黑丝带，还有纳鞋底用的大号钢针、锥子、顶针等。这些都只须去庙会购买。隆福寺庙会中有专卖制鞋用品的摊位，一切材料和工具应有尽有，麻绳有粗细不同的型号，可以选购。所卖麻绳都是成束出卖，得回家自己缠成绳球才方便使用，一般缠麻线绳的活儿是由小孩来干，把缠绳球当作一种游戏。沿鞋口的丝带，在货摊上摆出的都是盘成一整盘，但家中做鞋谁也用不了那么多，只是按尺量零买几尺即可。

准备工作完成后，便开始制作，又分三个步骤：先纳鞋底，后絮鞋帮，最后将鞋帮、鞋底绱成整鞋。

首先制作鞋底，要使用厚些的袼褙，而且要用多层，先按纸样剪好，然后按预计好的层数，用糨糊粘在一起，达到所需的厚度，在底面包贴一层白布（上面保留袼褙原貌，因纳好以后还要加贴搪底），再用白布条沿好边，在用木夹板夹紧，就可以开始纳制了。纳鞋底是一种急不得的慢活，要自脚尖向鞋后跟从上向下依次纳，每个针脚要穿出一针，扎入一针，一个个针脚自左向右排成一列，上一列纳好后，下一列的针脚要错缝纳在上列两个针脚之间，第三列又要错缝纳在上列两个针脚之间，所以各列之间精密无间隔，更使底面牢固耐磨。这样一针一列往下纳，纳好一双鞋底，费时费力，所以一天中凡有时间就会拿起来纳几针，如做饭时，把馒头或窝头蒸入笼屉，在等待其蒸好的过程中，就会拿起鞋底纳几针。饭后休息，也会一边聊天一边手里纳鞋底。鞋底由多层袼褙合成，虽然使用大号钢针，也难以手力穿透，所以先要用锥子钻出针孔，再引针入孔，但有时虽扎孔也还难顺利贯通，还要借用"顶针"之力，在针尾（北京俗话称为"针屁股"）顶一下，针才能钻透孔将麻绳引过去。麻绳引过去不好用手拉出，就要将其先缠在锥子的葫芦形木柄上，借力拉出来。再扎孔纳下一针。纳一针就要把锥子、大针、顶针乃至锥子柄这一组工具都须用一遍，这也就是纳鞋底费力费时的原因。这里谈到的"顶针"，确是一种中国古代历史悠久的缝纫辅助工具，它或许与使用针的历史同样长远。依据田野考古发掘获得的标本，至少懂得制造金属针以后，由于金属针的针身细小而坚韧，缝纫时用手指顶针尾容易戳破皮肤，就相应地出现了金属制造的"顶针"。又因为缝纫劳作大都由女性承担，所以在古代妇女的坟墓中常随葬有顶针。在洛阳烧沟西汉末年的墓葬里，发现了不少件铜顶针，形状和现在使用的基本相同，其中有一枚在出土时还套在人指骨上。更讲究些的古代顶针，常常用金、银来制造，宜兴西晋墓里发现过金顶针；广州的一座晋永嘉年间的墓里，出土过银质的顶针。经过了漫长的年代，老北京的顶针，从材质和形貌，都与汉代的顶针没有什么大变化，依旧主要用铜制作，形如一个宽大的指环，上面布满为顶针尾时用的圆形小凹窝。使用时依各人习惯不同，较多的人将它套在中指上或食指上，甚至套在大拇指上，只是没有人会将它套在无名指或小指上，因为那两根手指无法发力去顶针尾。纳好的鞋底,正面底面是规整的一列一列的针脚,而背面则呈上列向左斜则下列向右斜长短极不齐整的形貌,如遇上一根麻绳用尽,要另接一根时,接头的打结也须留在这一面,不但形貌不整且凹凸不平,其所以如此,是因为在底面上面还要再续上一层棉絮,然后贴上白布的搪底,最后鞋底做好后,这一面同样是整洁白净的。用麻绳纳制鞋底的手工艺,是中国古代具有民族特征的传统工艺,至少有两千多年的历史,在秦始皇陵陶兵马俑坑中,所有站立姿态的俑,因为都是鞋底朝下塑在踏板上,鞋子的形态塑造的很清晰写实,只可惜看不到鞋底是什么形貌。幸而陶俑中有一些跪射俑,他右腿跪地,恰好把右足的鞋底显露出来,那个鞋底上正是自鞋尖到鞋跟呈现出一列一列细密的纳出的麻(?)绳针脚。这件考古标本,正清晰地说明用绳(也许是粗线)很可能是麻绳纳制鞋底,至少在 2200 年前已经在中国流行。

  鞋底制好后,再制鞋帮。一双鞋每只都要分成左右各制一片鞋帮,每片鞋帮又分表里,鞋面用较厚而结实的布料,当年习惯采用一种俗称为"礼服呢"的厚布料。

鞋里则用柔软的白棉布，都按纸样剪裁好后，就要分别将左右帮各从前到后（即从鞋脸经鞋勒到鞋后跟）缝合，但不缝下底口，再将棉花絮入其中，最后再从鞋头、鞋口到后跟包镶上黑丝带。左、右两帮均做好后，最后把两片鞋帮分别将鞋头和鞋后跟缝合，于是鞋帮制作完成。

最后就是要把鞋底和鞋帮绱在一起，才算大功告成，但是绱鞋跟纳鞋底和制鞋帮相比确是最难的一项。因为先要将鞋底的中线找准，先要将鞋帮的尖端和后跟前后两点用麻绳固定在鞋底中线两端，然后从尖端分别向左右把鞋帮绱到底上，而且要把鞋帮下缘向内折合在底上，向两侧用麻绳左边一针、右边一针，从鞋内侧对称地往后绱，稍有失误，或者一边松些而另一边紧些，就会绱到后跟处出现歪斜无法合拢。更容易出现的差错，是绱两只鞋用力松紧微有差别，结果绱完后两只鞋大小出现差别。就是全绱好后，想使鞋的外观饱满内部合脚，要放入适合的木鞋楦子，将鞋撑一定时日，让其成型。这些在家里都很难做到。因此当年多是在家里制作好鞋底和鞋帮以后，送到街上的小鞋铺或熟识的鞋摊去，付钱请专业的鞋匠代绱。一般需时一个礼拜，顶多十天，就可取回新鞋。

儿童一般比成年人费鞋，所以每年冬天通常会给孩子准备两双毛窝，入冬天寒穿一双，以防冻脚。等到旧历过年（春节）时，再换一双新鞋。因为当时过年时，按习俗要给孩子穿新衣戴新帽，最不济也得给孩子换双新鞋。那年头北京居民生活水平一般不高，而且那年头也没什么计划生育政策，所以家中子女都较多，一般少则两三个，多的六七个，甚至九十个，常常是家庭生活越贫困的反而孩子更多。家里没有条件给每个孩子都换新棉袄，没有人会笑话，但是如果过年时不给孩子换双新鞋，那家长就会被人耻笑，认为太懒，一年时间都没能给孩子做双新毛窝。老北京有句俗语："脚底下没鞋，穷半截！"过年给小孩换上新毛窝，全家高兴。大年三十早上，孩子们换上了新毛窝，都会走出家门，与街坊邻居的孩子互相显示新鞋，相互欢笑，这也是当年胡同中一道亮丽的风景。

幼小时我们冬天都是穿家做的骆驼鞍棉鞋，到上小学时，也就是 20 世纪 40 年代初，情况有些变化，当时大型百货公司和小型百货商店中开始售卖一种新式样的高勒棉鞋，在前脚背处开一排孔系鞋带，可能是仿效日本占领军军用棉鞋的式样。因为系鞋带的孔共五组，所以俗称"五眼棉鞋"。同时也开始使用统一的标明鞋子大小的鞋码，按鞋码对应脚的大小购买非常方便。这种棉鞋较暖和，因为系带十分合脚，适合跑步上操，因而取代了传统的骆驼鞍棉鞋，成为学生的首选。从那以后，我们到冬天就去买五眼棉鞋，家里也就不再自己费时费力地去自制骆驼鞍了。

笑破不笑补

老北京俗谚:"笑破不笑补。"

在漫长的旧社会,老北京普通民众的生活一般比较贫困,经济拮据,什么都要尽量节约,对于日常衣着尤其如此,置办衣裤,总要"新三年,旧三年,缝缝补补又三年"。一件衣服至少要穿上近十年。这句顺口溜,在老北京流传长久,可算是普通人生活中的座右铭。实际生活中,也确实如此,衣服穿旧了,难免不会出现破损,这就必须随时"缝缝补补"。而且老北京人勤劳又好整洁,衣服有破损,就须立马缝补好,然后洗干净再穿。不兴穿着带着破洞的脏衣服出去办事，那会招人耻笑，起码认为这个人是个懒蛋。因此又生成开篇时讲的俗谚："笑破不笑补。"每家大人在孩子懂事后，都会把这句俗谚教给孩子，让他以后生活中继承好习俗，不可"不懂人事"。当然这种文化传统只是真正的中国人的，洋人不在此例。

　　正因为"笑破不笑补"，那年头再穷的人，也没有脸面在人前穿带破洞的衣裤，去故意"不做人"，硬愿"丢人现眼"。但是许多在社会下层拼搏的男人（如拉洋车的、棚匠、锯木工……）多是一个人在京，自己又不会做针线活，衣裤破了如何补缀是个难题。面对社会上这方面的需求，在旧北京就出现了一个行业，专门给穷人缝补衣服，因为服务对象都是社会下层的穷人，所以称为"缝穷"。从事缝穷的都是一些穷苦的劳动妇女，那年头旧北京没有什么可供穷苦的女性工作的职业，她们多是在家中从事家务劳动，供养老人，养儿育女，整天也极辛苦。但是也有些人家务劳动负担较轻，能够有些空闲时间，为挣些钱填补家用，就会收些为人缝补的活计，从事缝穷。也有些妇女，因丧偶等原因，导致一人生活，或还要抚养孩子，为了生活来源，只有选择缝穷为业。幼时我曾经看到过一位从事"缝穷"的老大妈的住所，她住在和我家同一条胡同，在距我家不远的一座"大杂院"内。那座大杂院内的住家中有许多与我年岁差不多的小孩，家长带着我们在胡同里遛弯时，大家相遇会互相打招呼，大人会一起闲聊天，孩子也会一起玩耍。偶然还会相互"串门"。在我印象里，那位从事缝穷的大妈，平时衣着整洁，总是穿一件"阴丹士林"（当时流行的一种国货棉布）蓝色长袍，只是两侧的"开气"比别人要高一些，似乎是为了方便坐于小板凳上从事缝补作业。她为人随和，喜欢和街坊聊天，对邻居的小孩特别和善。据说她命运不幸，早年失偶，没有孩子，一直一个人生活，仅靠针线活维持生计。她住在大杂院中院屏门内西南角的一间小屋，屋门开在左侧，右侧是一扇玻璃窗，房前放着几个大洗衣盆，还有大小不同的木搓板。因为室内空间有限，做饭的小煤炉只能放在门前的南墙根，在墙上钉一块铅皮板遮风雨。炉旁除了放有通常用于生火的通条、灰铲等工具外，还有几个大小不等的熨烫衣物的"烙铁"，因为当年使用传统的铁烙铁，要先在炉火上烧才能得到适用的温度，为了取用方便，一般会放置在炉火附近。在她居住的小屋内，也是收拾得干干净净，串门时大人曾带我进去过，因为室内布置与通常家庭不同，至今印象还很深。小屋后墙搭有一铺"后檐炕"，前檐窗下有张小八仙桌，进屋门后有一个水缸和一个粮食缸。这都与一般人家没什么两样。但是在炕前沿南墙放一个旧式的衣架，上面横杆上搭满各种衣裤，架下横板上放着做好的鞋和纳好的鞋底。架前堆放有好几个满装物品的大布口袋和麻袋。沿北墙放一个木"躺柜"，柜前摆着一排柳条编的大笸箩筐，有的里面放有零散的衣物，有的放着各种颜色的旧布块，这些就是准备来为他人缝补用的材料。这些旧布虽然都已洗干净了，但总是有一种说不清楚的陈旧物的气味，闻了让人感觉气闷。关于那些作为缝补原料旧衣物的来源，又和当年老北京串胡同收旧物的小贩有关。

　　串胡同收旧物的小贩，又分两类：高级的一类是"打小鼓"的，低级的一类是"收破烂"的。打小鼓的小贩，衣着整齐，通常穿一件蓝色或灰色的长衫，一侧肩上背一个干净的布褡裢。左手持一个手掌大的"小鼓"，右手持鼓槌，一边走一边敲，发出一种特别清脆的鼓声。有想处理家中旧物件的人，听到这种鼓声，就会开门叫住他，取出想处理掉的物品，小贩看中后，两人开始议价，谈合适了，就会掏出钱来付给卖家，然后将物品收入褡裢内离去。打小鼓的所收旧物，内容广泛，钟表瓷器文具衣物全收。但其所收衣物，要选择尚有穿着价值的，过于破烂的他不要。与打小鼓的不同，收破烂的小贩，一般穿短衣，肩上挑着挑子。招揽卖主的方式是大声吆喝："有破烂我买！有废铜烂铁我买！"多么破烂的衣物碎铜烂铁他一概都要，购买后他会把所有杂物混在一起扔在挑子上挑走。打小鼓的收购的旧衣物，他会分拣成两类：其中一类虽已经人穿过，但经清洗熨烫后仍能整旧如新的，会送往"故衣铺"。另一类较旧但布料还结实可用的，就会送缝穷的，拆洗后用作缝补的材料。至于收破烂的收购的破烂衣物，也能捡选一些给缝穷的，清洗后有的尚可用作补衣物的补丁，但大部分只能用于打袼褙做鞋底。这些小贩多是一个人在京生活，又整日走街串巷，所以衣服常需清洗缝补，因此他们与缝穷的之间常常是互相依存，他们供给缝穷的旧布料，后者则为他们清洗缝补衣物和做鞋。

故衣和故衣铺

故衣，就是指被别人家穿用过的二手衣服。故衣铺，顾名思义，就是专门收购和售卖故衣的店铺。在旧北京的大街上，有着不少这样的店铺。儿童时期我家住在马大人胡同东口处，出胡同往南走，直到东四牌楼，一路至少会经过三四处故衣铺。规模小的店铺只有一个门脸，规模大的面阔可达三间。那年头临街的一般店铺，前脸多是开敞形的，不设前壁门窗，晚上用竖立的多块门板并联嵌合。所以北京土话说商店晚上停止营业关门休息，一般说"铺子上板了"。第二天早上，把所有门板卸除，开门营业。只有一个门脸的小故衣铺，多半是室内纵置用板凳支起的台子,上面摆列着折叠整齐的各种故衣,多是短衣和裤子之类。室内梁架下面,沿墙壁安装吊架横杆,从左壁折向后壁再折向右壁,呈凹形,再用衣架将长衫、旗袍和大衣等垂挂在横杆上。大的故衣铺有三开间门脸,上面除贴墙的凹形吊架外,还在各间的间隔处增设两个纵置的吊架,所挂衣物更多。下面陈列货品的台子,在两侧间各设一个,当心间不设,店内显得宽敞明亮,柜台设在当心间后壁前,迎门即可看清,更有气势。不论店铺大小,顾客进店后,如不选用台子上展示的物品,都必须要抬头仰视衣物,如果选中一件有意购买,就可招呼店内伙计用长叉竿将衣架叉挑下来,用手高举衣架,供顾客仔细观看。顾客不满意,伙计再把它挑挂回去。顾客看后满意,可当场试穿,选定后,衣物由伙计折叠包装,顾客则去后壁前的柜台交钱。幼时大人带着逛街,看到故衣铺与其他店铺不同,店铺内上方悬垂挂满各色衣服,五颜六色,分外新奇,总想进去看看。但总被大人拒绝,只准站在店外远远往里瞅瞅,理由是那里面挂卖的衣服都是别人穿过的,甚至是从死人身上脱下来的，太不卫生，小孩尤其不应接触。回家后大人还会给讲一些颇为吓人的传说，例如有人贪便宜从故衣铺买回一件大褂，回家想先洗一洗再穿，将大褂放到水盆中后，去取肥皂，回来一看，那件大褂竟然在水盆里站立起来，闹鬼了。这多吓人！以告诫孩子再逛街时不要进故衣铺观看。

故衣铺有这样吓人的问题，为什么当年北京街上还有那么多的故衣铺开张营业？而且经常看到故衣店中顾客不断，这自然成为当年我幼小的脑袋里长久弄不清的谜。其实我家大人向我讲的那些情况，只反映了故衣铺的一个侧面。因为故衣铺货品的来源是多方面的，有些还是一些并未经人穿过的新衣，或虽被人穿过但仍保持八九成新的衣物，经过店家买进后还要精心地清洗熨平，才会挂出售卖。而且故衣铺的货源，并不都是世面上收买的旧衣服，特别是那些规模大的店铺，其许多货品来源于各裁缝铺及当铺。这是与当年的社会习俗等多方面原因有关。

为什么裁缝铺的一些新衣会卖入故衣铺？其实跟那

年头的社会习俗关联密切。追溯中国古史，自周秦以来一直是农业社会，家庭中男耕女织，家中衣物均由妇女剪裁缝制，直到清末民初的旧北京城内，一般居民虽已不会自己织布，但仍是去绸布店购布料后，在家中裁剪制衣，凡裤褂长衫皆如此。只是官宦上层人士，家中女眷养尊处优，已不能自己制衣，需请裁缝师傅上门服务，但布料仍是自去绸布庄选购。到我刚记事的幼年时（20世纪30年代末），旧京情况仍大致如此。到我童年时期，似乎通常仍是将裁缝请到家中，制一次衣服，裁缝至少要来三次，第一次是量尺寸，按他带来的衣服样式图册选定样式，取走布料。过一段时间，裁缝带着剪裁好并初步缝连的衣服来第二次，让主家试穿，以修改不合身的地方，北京俗语叫"试样子"，试好样子，裁缝回去，修改后正式缝制。最后第三次来，送来成衣，结算付给制衣费用。

因为当年的裁缝铺只是以为顾客制衣为业，它本身并不卖成衣。同时当年的大街上，与今日不同，并没有专卖成衣的店铺。只有大大小小的裁缝铺，顾客要到绸布庄去购买布料，拿到裁缝铺去做衣服。在大型商场如东城的东安市场内，也有西服店，但也是主要为顾客量体制衣，只是西服店中常备有可供顾客选购的衣料。但是量体裁衣，特别是流行样式的女装旗袍，常常出现剪裁式样时顾客不满意，特别是肩袖的宽窄不合适，就要进行返工修改。一般情况下肩胛部分剪裁得不合适，拆改极困难，改后再试顾客还不满意，就只能退货。因为衣料是顾客所购，当时的退货，是裁缝店不收裁缝费，收下成衣而退给顾客面料钱，由顾客去重购面料，再送来剪裁重制。那些被退货的旗袍，已是制好的新衣，裁缝店无法售卖，就只有送往故衣铺。因为退货的情况经常发生，这类被退的新衣就成为故衣铺常供不断的货源之一。

　　故衣铺的另一重要进货来源，是来自当铺。当年在北京的大街上可以看到不少或大或小的当铺，但是当铺不论大小，它的外貌都是相同的，与其他店铺有着极其不同的特征。不论开间大小，其正面都只是一面墙壁，一般有两层楼高，但自上至下不设一个窗户，只在居中处开一很窄小的店门，门上匾额题有店名。墙面或仍是砖灰色或涂成白色，在门的左边或右边用白灰涂出高3米左右、宽2米左右的矩形，在白底上写一个黑色的大"當"字。所以人们在很远的地方就能看到它的存在，吸引要典当的人前往。我幼时没有机会进过当铺，所以并不知晓其内部情况。因为店门窄小，又常常呈半掩门状态，里面光线昏暗，从街上往里看什么也看不清楚。听大人说，当铺内设的柜台与一般商店不一样，柜台很高，典当的人需要举手才能将物品放上台面。窄门高柜，都是当铺采取的防护措施，以防人们来抢当铺。当铺所收当的衣服都经仔细查验，须仍可供穿用，至少是半新的。收当后入库前，还要经整理清洗。所以这些衣物的原主如不按期来赎取，就成当死的物品归当铺所有，积累一定数量后就低于市价转卖给故衣铺。所以当铺供应的故衣，是故衣铺货品的一个主要来源。同时，旧京上层社会家庭中，还有一种自清代就已流行的习俗，就是在开春天气转暖，人们脱掉寒冬时穿着的皮袍和厚呢绒服装，将其晒晾后就打包送往当铺，因为这些衣物到盛暑来临时，易受潮或遭虫蛀，当时家庭中储藏要花费人力物力，还常保存不好。而那时有名气的大当铺，后库中专门设有保管皮货和呢绒服装的库房，有专人负责保养。送到那里后，家中可省心，到深秋需要时再去赎回，当铺如有保管不善有所损毁，要负责赔偿。而且当来的钱也可在家中做一笔活钱，以备不时之需。当然当入当铺时被定的价格低于所值，但赎时要补付那部分费用，只能视为花的"保管费"，也比自己在家贮存费时费力合算。同时，对其他衣物，如一时不用，也有打包送当铺"保管"的习惯，在小说《红楼梦》中可以看到有关的描述。这类衣物当入当铺后，也常因主家又买了新装，就不再去赎旧衣。或者家中发生变故，无钱去赎。这样那些衣物就当死在当铺，也是供给故衣铺内那些高级故衣的来源之一。当然上面叙述的仅是当铺生意的一个侧面，它当时主要是靠盘剥穷苦百姓来赚钱。

俱往矣！旧京的旧式裁缝铺早已被各式新式的服装店所取代。旧京的"故衣铺"已随着社会历史的变迁而被淘汰。旧京的当铺，更是在社会变迁中被抛入历史的垃圾堆，只是偶然保留的局部遗迹，还存在了几十年。例如在原王府大街北口路东曾有一间名叫"和善"的当铺，当年是隶属于达王府的买卖。它那面原来写有大黑"当"字的高墙，虽然那丑陋的大黑字早已被白灰涂盖，但高墙仍在，成为历史的陈迹。

天棚，鱼缸，石榴树。
肥狗，胖丫头。

这一旧京民谚，说的是当时一般上中层家庭正院所见情景。其中前一句讲的是家中正院中设置的景象，后一句略带嘲弄之意，说家境好连狗和丫头都吃得肥肥胖胖。旧京习称家中未成年的小女孩为小丫头。另外，自清代以来又习称家内役使的未成年女仆为丫头,可见清代小说《红楼梦》中的描述。在文前所引旧京民谚中,"丫头"一词应指小女孩。

  天棚、鱼缸和石榴树,虽都是上中层家庭正院中的陈设。但是三者又有不同,鱼缸是固定陈设,一年四季不动。石榴树不是指栽种在地上的树,而是种在大花盆中的小石榴树,一般只开花,不结果实或结出形体很小的果实,根本不能食用。因旧京冬日寒冷,届时要将石榴树移入花房养植,来年春暖再搬出室外。没有花房的人家,或用稻草帘子等包裹养护。摆放石榴树的数量,视院落大小,以及鱼缸的大小而定。一般来说,中型的院子会在鱼缸四周摆放四盆至六盆石榴树,而大型的院子,会在鱼缸四周摆放八盆石榴树。鱼缸本是旧京院落中不可或缺的物品,被摆放在院落的中央,穷人的小院子里也会在院中央摆放鱼缸,中上层家庭的中型院落和大型院落中,则会按院落大小的比例,摆放中型或大型鱼缸。当时几乎所有住人的院子内都要摆放个鱼缸,究其原因,因为它并不完全是供观赏的装饰品,还有更重要的实用价值，那是为了预防"走水"。旧京人们迷信，说话有许多禁忌，因为木构建筑极惧火灾，火灾、失火，旧京俗语称为"着火"，平时又忌讳说着火，就称其为"走水"。那年头旧京还没有"自来水"，平时用水是靠卖水的小贩用独轮水车从水井处运至胡同中，按挑（一挑两木桶）卖给住户。一般住户一天的用水量，也就是买一挑（两桶）水，即可供一个三四口人的家庭做饭洗漱之用。日用的水量有限，且水缸又多放置在厨房屋角处，着急时取用不便。所以在院中心放置蓄满清水的鱼缸，万一发生房屋走水，出现小火灾时，取用方便，可保证应急时的消防安全。这类小型鱼缸，多系灰陶制造，大圆口，肩部微鼓，收腹，平底。估计口径约 3—4 市尺，高近于人的腿部。一般素面无纹，也有在外腹部的两侧贴塑微凸出腹面的"铺首衔环"纹。没有专门的盆座，经常仅是在盆下垫几块砖。为保持水质清洁，又增加观感，多在其中养几条鱼，常是最普通的小金鱼。在中上层人家，正院宽阔，所以在院中央摆放的是与庭院面积比例相称的大鱼缸，自然是院子的面积越大鱼缸也相应越大，所以"大鱼缸"才是家庭富有的象征物。这类大鱼缸的质地与灰陶小缸不同,是厚胎釉陶缸,缸壁厚度与通常的水缸近同,或者因缸口的直径大因而缸壁更厚些,可能厚达3—4厘米。缸的口径与缸高,都会超过120厘米。加上下面的石缸座,一个成年人站在缸旁,正好观赏缸内养的鱼,小孩要由大人抱起来才能看到缸内的情景。鱼缸的釉色,外壁较深,多褐色,或贴塑略凸出壁面的吉祥图案。缸的内壁釉色较浅,似以黄色为多。缸内储水后,一般要养几条鱼,并不是为了观赏,是为了清洁水质,吃水里的小虫,特别是暑热时消灭蚊子的幼虫——孑孓(俗名"跟头虫"),所以养的多是鲤鱼、草鱼、鲫鱼之类。年节时祭神上供时用的活鲤鱼,通常是养在大鱼缸中。这种大鱼缸形体巨大,加上下面的石座又很沉重,一般是在院落建成时,同时设置,永不移动,所以它也就成为这座宅院主人财富的固定标志物。在大型院落中,除了院子中央的大鱼缸外,也有的在正房廊檐前再摆放四个小鱼缸,在正房门前台阶左右各两个。这些小鱼缸有的是制工精细的陶缸,更有的是精美的青花瓷缸。它们是专供观赏的陈设，盆内或养水浮莲，或养各色金鱼。

天棚则与大鱼缸不同，它不是固定陈设，更不是花一次钱购买后就一直摆在院内使用，而是每年要花钱雇请棚铺来搭建，仅是按季节防暑热的临时搭建物，一到秋凉时即须拆除（拆棚除所需费用在雇请搭棚时要同时付清，欲想拆棚，只通知时间，棚铺即会派人来拆），次年暑热前还要再花钱重新搭建。搭了拆，拆了再搭，是一笔所需不菲的高价消费。所以从当年是否按时搭建了天棚，可以看出那一家庭当年家庭经济的好坏。哪个大家庭突然没有按时搭天棚，可能就是那个家庭开始败落的明显信号。因此天棚、鱼缸和石榴树三项中，天棚才是表明家庭财富最重要的象征，这就是本文开头所引的旧京民谚，开篇先讲天棚的原因。

在我幼年时，家里的经济条件还能维持每年在正院搭天棚。至于我幼年时对搭天棚记忆最深的一次，是五岁时的经历。一天去给爷爷（祖父）请"早安"（当时幼童每天要给长辈请三次安：早安、午安和晚安）时，太太（祖母）对我说，今天爷爷要去棚铺订天棚，同时可以带我去逛逛街。我很高兴，马上跑回后院，向娘禀告，然后换上出门时穿的衣裳，赶忙去找爷爷。因为那时年纪太小，现在已经记不起所去棚铺的地址和店铺名称，只记得当时是坐洋车去的，地址有可能是在宽街一带。因为棚铺的门面与其他店铺有很大不同，所以至今记忆深刻。一般的店铺都是按中国传统建筑下面有基台，略高于街面，因此进入店门前总要迈上两三层台阶，而且门口下方都有或高或低的门槛。棚铺则不然，店门无基台，门内门外与街面同高，而且店口特别宽大，不设门槛。究其原因，是因为棚铺要经常进出满载搭棚材料的骡车，平地、门宽而不设门槛，这样重载笨重的双轮骡车进出才方便。因为当年街面和门内外都是土路，门道间地面上还留有重车双轮碾压出的车辙。除大门外，棚铺的店面建筑与装饰和其他店铺也十分不同。迎街除了铺门以外，两侧都是高高的灰砖墙，可与左右相邻的店铺相隔好远，显得十分冷清。门上建有一座冲天牌楼，与一般的店面牌楼不同，它两侧的立柱大大高出牌楼顶部，势似冲天，柱顶似乎有一种僧帽形状的装饰。书写店名的匾额，横悬牌楼下方。因是约好时间，所以棚铺掌柜已派有伙计在门口迎候。因大门宽阔，洋车就可以直接进入门内。店门内更不像别的店铺是陈设货品的厅堂，只是一座颇为宽阔的院落，迎门建有一座面阔约三开间的清水影壁。影壁虽然很高，但是靠立在其后侧的用于搭棚的"杉篙"，仍然高出影壁，密密麻麻地朝天矗立着。影壁后面是一座非常大的院落，这座正院的左侧有半道隔墙，通着另一个院落。这两座院落中满蓄搭棚用的各种材料，主要有杉篙、木板、竹席、苇席，还有各种粗细不同的麻绳。正院的右侧是一座四合院，那里是谈生意和休息的处所。洋车一直拉到右侧院门前，下车后只见棚铺掌柜已在迎候，一起进入院内正房，爷爷就与他谈论搭天棚的价格和具体搭建的日期，很快他们就谈妥了，签订合同，预付定金。搭棚需付的价钱包括三部分：一是租用棚料的费用，二是棚料用了几个月的折旧费，三是搭建和拆除时工人的工资。此外，因工作辛苦，要给工人另外加些"酒钱"。生意谈妥，掌柜要请爷爷小酌，因爷爷不饮酒，就改为一起喝茶。茶罢，掌柜引领我们去正院中查验棚料，还让伙计拿着笔和红漆桶，并告知按棚铺的规矩，正院用来存放"红棚"用的棚料，西院存放"白棚"用的棚料，绝不能相混。由于清末民初以来，旧京流行习俗中许多公私事宜都需搭建大席棚。政府开群众集会，主席台要临时搭棚。学校开运动会，要搭棚当主席台……社会上中上层家庭，办许多事都兴在院内临时搭席棚，大致可分两大类：一类是"红事"（喜、寿等事）搭"红棚"，一类是白事（丧事）搭"白棚"。前一类红棚使用范围很广，主要是结婚和庆寿，还有孩子办"满月"、家中办"堂会"搭戏棚等。防暑搭天棚也归此类。后一类白棚，主要就是人死后办丧事、放焰口。当时人们迷信，极为忌讳搭红棚时使用白棚曾用过的材料，因那些材料已属凶器，用了会不吉利，甚至引起祸殃。传说有一家庭搭天棚时，催促棚铺过急，备料不及，就将刚拆的白棚料转运去搭建。结果天棚搭好使用后，那家的家人不断生病、跌伤，还发生许多稀奇古怪的事，几个月不得安宁……直到拆除天棚，才一切如常，究其原因，认定因所搭天棚是转用丧棚材料所致。因此，大家在预定天棚时，一定要去仔细查验材料，以免混用凶料，引致祸殃。这也是爷爷必须亲自来棚铺查验棚料的原因。

因事先棚铺已有人去家里丈量过院子，所以已将需用的材料准备好，在正院的一角单独成堆摆放。竹席都是新的，平叠成一摞。"杉篙"或靠立在墙边，或平放地上堆成垛。粗细麻绳或卷成盘状，或捆成束，也都是新的。查验以后，还由爷爷用红漆在一些料上画记号，以便搭建时再检查验实。

在预定搭建天棚日期的前两天，家里就要忙着清空院里摆放的物品，除了大鱼缸不可移动外，其余石榴树、小鱼缸及其他花木等，都搬移到廊内。连前院摆的花木等也要移走，因为搭棚前要先把棚料运来存放在那里。预定搭天棚的前一天，棚铺就派骡拉大车将第一批棚料送来，主要是搭棚架的"杉篙"和各种粗细不同的麻绳，以及部分竹席。棚铺的伙计将棚料垛放好以后，一再叮嘱这些棚料都是易燃的物品，一定要注意防止"走水"，千万不要乱扔烟头和乱磕烟灰（因为当年旧京的人们有极坏的习惯，吸旱烟的人到处乱磕烟灰，吸纸烟更乱扔未熄灭的烟头，常引起火灾）。还告知请主家明天早点起床，因为搭棚的工匠要赶早干活，在"老焰"（旧京平民俗称太阳为"老焰"）还不毒时，先把架子搭好。第二天早上我起床洗漱后去看时，棚架子已基本搭好，午餐后铺缝上席顶，不到傍晚下工时一顶天棚就搭建完工。

搭好的天棚梁架，正与院内房间相对称，正面北面与正房的三间堂屋相对，也是四柱三开间，左右与东西厢房相对，同样是四柱三开间，前面要让出垂花门，除角柱外，中间的两柱要各向左右偏移一些。共计十二根立柱形成正方形边框，形成第一周柱网。然后围绕院当中大金鱼缸立第二周柱网，共四根立柱。两周柱网立好后，再用杉篙在柱端绑缚棚梁。梁架搭好后，在上面铺缝席顶。靠南侧的席顶是缝实在梁架上，北侧的则是做成卷帘，用绳在棚下拉合，在太阳晒入时合上，日落后拉开，以使清风吹入。棚柱的高度要高过屋檐，以使风随意穿行。天棚搭好后，确可使炎夏的院落中清凉舒适。但是也增添了许多麻烦，除了每日要用力拉绳开合外，特别是搭棚用的材料如杉篙立柱、席顶与绑缚用的麻绳，全都是易燃材料，又经连日暴晒，天干物燥，如遭火灾，易成大祸。但是当年旧京自来水尚未普及，还只能用老式防火唧筒，蓄满水备用，但是真遭走水，恐怕只是杯水车薪而已。所以不下雨时，平日要不断用唧筒向棚上喷水，让棚席保持湿润。真遇雨天，又要及时把卷帘拉开，让雨水落入院内，以免棚顶积雨水，压坏顶棚。

由于搭建天棚的费用颇高，一般家庭难以承受，故此家中年年搭天棚，就成为富有的象征。哪家那年忽然到时没搭天棚，表明经济出现问题，是为家庭败落的象征。我家也正是如此，从没有搭天棚那年开始，家境就日渐没落下去了。

后记

2018年，夏艳告诉我徐元邦兄正在写关于家居北京的回忆文稿，已完成多篇，将集结成《长居日下八十年》文集出版。在北大读考古时，邦兄比我高一个年级，但毕业工作时，他却比我早两年。那是因为当年北大教育改革，学制要由四年制改为五年制，先选理科和文科各一个系为试点，文科恰好选中历史系。于是邦兄那一班还是原来的四年制，1956年毕业，他被分配到中国科学院考古研究所（现中国社会科学院考古研究所），在编辑室工作。我们班改为五年制，因为多念一年，所以从1957年改为1958年毕业。毕业后也被分配到中国科学院考古研究所，在第三研究室工作。先去长江工作队，在丹江口水库工地进行了一个季度的新石器时代遗址田野发掘后，于年末返所，开始兼任编辑工作，并在编辑室办公。这时邦兄已经做了两年的编辑工作，所以我的编辑业务主要是在他的指导和帮助下学成的。同时，自1958年底筹办由《考古通讯》改刊《考古》，到1959年《考古》正式改刊，直到1966年暂时停刊，《考古》月刊一直由周永珍、邦兄和我三人一同编辑。三人有个共同特点，就是我们的家庭都是老北京住户。周永珍年纪最大，她是组长，又是女士，因此除编辑事务外，对外联系等杂事皆由邦兄和我去跑。邦兄负责跑出版社、印刷厂、制版厂，一方面因他生性随和，于事不急不躁，善于和人打交道，办事稳妥。另一方面也因邦兄当年有一个令人羡慕的"座驾"，是一辆英国制造的"凤头"牌自行车（当年有那样一辆自行车，比今日开一辆宝马还风光），所以长途且须赶时间的事，都由他去。另一些与兄弟刊物编辑部（如《文物》月刊）的联系，以及有关报纸杂志和各有关研究单位的联系，则由我去干。1972年《考古》复刊后，我们三个先后回到考古所编辑室，但与以前不同，编辑室有了很大变化，人员众多，所以不再只由我们三个人负责所有工作了。后来到1988年，周永珍退休。邦兄升任编审，并担任编辑室副主任。我不再兼职编辑工作，完全回到第三研究室。于是与邦兄三十年每日朝夕与共同室办公,至此结束。邦兄退休后,仍帮助北京诸出版社编辑图书。由于他生长工作一直在北京,北京出版界同行希望他写对北京过去生活的回忆。于是邦兄晚年开始写对北京的怀旧随笔。写作过程中,责任编辑希望能找人给他画插图,但难有合适的人选。夏艳也曾找我商量过,邦兄当时已行动不便,他自己也曾给我打电话,想叫我在中央美院教艺术史的学生去给他画插图。但是找一个能如实画出20世纪初北京真实情景的作者,真是太难了。最后他的《长居日下八十年》只能不附插图而出版了。

与夏艳商量找人给邦兄绘插图时,也讨论过可否找老照片来作附图。但我感到同样困难。因为当年的摄影家主要关注的题材是旧京的古建筑,留下众多珍贵的照片。但是几乎没有专注于民俗的作者,仅有个别不是生长于北京的外地人,出于猎奇,拍了一些"民俗"照片。因为他们只是按自己要拍的时间出钱催人摆拍,因此时令不对,白天夜晚的时间更不对。流传至今,实在贻误没有在旧京生活经验的解放后出生的人。因此当年除了少量生活照和建筑照片外,邦兄的书没有办法附图,确实是很遗憾的事。今天我的小书依然如此,只能附少数几张家庭老照片与一张端午节纸老虎图,以飨读者,确显遗憾。

我要感谢夏艳对写这本小书不断地鼓励和帮助,感谢章懿的精心编辑。书中许多篇文稿写成后,曾送给郑岩、郑彤等几位先读,他们读后曾提出许多建议,在此表示感谢。

最后,我还要特别感谢夏艳代请燕山出版社老社长赵珩为本书书名题字,为小书添色。

杨 泓
癸卯年三月初七日于北京和泰园

图书在版编目(CIP)数据

往事知多少 / 杨泓著 . —北京：北京联合出版公司
2024.2
　　ISBN 978-7-5596-7318-3

Ⅰ.①往… Ⅱ.①杨… Ⅲ.①风俗习惯-北京-文集
Ⅳ.① K892.41-53

中国国家版本馆 CIP 数据核字（2023）第 241399 号

Copyright © 2024 by Beijing United Publishing Co., Ltd. All rights reserved.
本作品版权由北京联合出版有限责任公司所有

往事知多少

作　　者：杨　泓
封面题签：赵　珩
出品人：赵红仕
出版监制：刘　凯
责任编辑：章　懿
封面设计：芥子设计·黄晓飞
内文排版：麦莫瑞文化传播有限公司

北京联合出版公司出版
（北京市西城区德外大街83号楼9层　100088）
北京富诚彩色印刷有限公司印刷　北京联合天畅文化传播有限公司发行
字数120千字　787mm×1092mm　1/32　9印张
2024年2月第1版　2024年2月第1次印刷
ISBN 978-7-5596-7318-3
定价：58.00元

版权所有，侵权必究　　　　　　　文献分社出品
未经书面许可，不得以任何方式转载、复制、翻印本书部分或全部内容。
本书若有质量问题，请与本公司图书销售中心联系调换。电话：(010) 64258472-800